쏙쏙 들리게 말하는 **온택트 화법**
나, 누구랑 말하니?

나, 누구랣 말하니?
쏙쏙 들리게 말하는 온택트 화법

ⓒ문석현 2021

초판 1쇄 : 2021년 2월 17일

지은이 : 문석현
펴낸이 : 유혜규

디자인 총괄진행 : 김연옥
일러스트 : K-Yeon

펴낸곳 : 지와수
주소 : 서울 서초구 잠원동 35-29 대광빌딩 302호
전화 : 02-584-8489 팩스 : 0505-115-8489
전자우편 : nasanaha@naver.com
출판등록 : 2002-383호
지와수 블로그 : http://jiandsoobook.co.kr (blog.naver.com/nasanaha)

ISBN : 978-89-97947-23-2 (13320)

* 책 값은 뒤표지에 있습니다.
* 잘못된 책은 바꿔드립니다.
* 이 책의 전부 또는 일부 내용을 재사용하려면 반드시 사전에
  저작권자와 지와수 양측의 서면 동의를 받아야 합니다.

쏙쏙 들리게 말하는

온택트 화법

나, 누구랑 말하니?

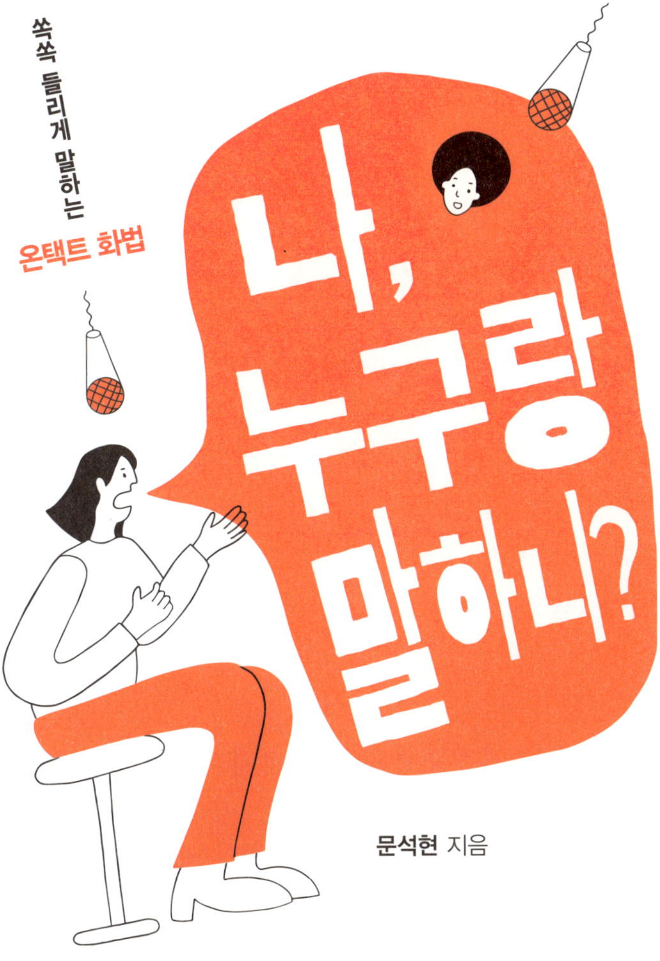

문석현 지음

지와수

프롤로그

온택트 소통을 잘하는 사람이 미래의 강자가 될 수 있다

방송을 통해 사람들에게 말을 하는 일을 시작했을 때, 한 10년 정도 꾸준하게 할 수만 있다면 말하기의 절대 고수가 될 줄 알았다. 다행히 게으르지는 않았는지 정확하게 방송업계에 입문한 지 10년 차에 말하기 관련 책도 낼 수 있었고, 누구에게나 '말 잘한다', '방송 잘한다' 소리를 어렵지 않게 들을 수 있었다.

그럼 누구든지 10년 정도 열심히 노력하면 고수의 반열에 오를 수 있을까? 보통 무엇이든 10년을 꾸준히 하면 일가를 이룬다고 하지만 '말하기' 만큼은 어림도 없다.

왜냐하면 사람이 바뀌기 때문이다. 시간이 흐르면서 당연히 환경이나 사회 분위기 등 모든 것이 바뀌게 돼 있다. 그럼 자연스럽게 사람도, 사람의 생각이나 의식도 변할 수밖에 없다. '사랑은 움직이는 거야'라는 말도 있지만 사람은 그보다 더 심하게 움직이고 바뀐다. 그래서 '말하기'의 절대 고수는 존재할 수 없다고 본다. 과거에는 통했던 말이 지금도 여전히 먹히기는 어렵기 때문이다.

세월이 지나도 계속 말을 잘하려면 10년이고 20년이고, 숨이 다하는 순간까지 사람에 대해 끊임없이 이해하려는 노력이 필요하다. 사람들이 듣기 좋아하는 말, 귀가 열리는 메시지는 사람을 알고 이해하지 않고서는 절대로 완성할 수 없다. 그래서 일단 '나도, 사람도 변한다'가 사람을 이해하는 첫 번째 명제이다.

변화를 얘기할 때 빼 놓을 수 없는 것이 바로 최근 1년 동안의 우리의 모습이다. 모두들 너무나 잘 알고 있고 온 몸으로 느끼고 있지만 최근 우리 사회는 상상을 뛰어 넘을 정도로 격하게 바뀌고 있다.

가장 큰 변화는 '온라인화'이다. 서로 직접 만나지 않아도 온라인 세상에서 많은 것을 할 수 있는 온택트 세상이 된 것이다. '비대면', '온택트'는 이제 가장 사람들의 입에 많이 오르내리는 신조어로 자리를 잡았다.

말하기도 예외는 아니다. '말하기'를 업으로 하는 사람 입장에서 보았을 때 이제는 누구나 카메라와 친해져야 하는 세상이 된 것 같다. 개인 방송은 물론이고, 화상 회의나 온라인 강의도 이제는 일상이 되었다. 내가 원하든, 원하지 않든 우리는 카메라를 통해 상대방의 얼굴을 봐야 하는 시대에 살고 있는 것이다.

우스갯소리로 5천만 모두가 방송인이 되는 시대로 빠르게 진입하고 있다고 한다. 그렇다면 원활한 커뮤니케이션 능력은 더더욱 필요한 조건이 된다. 직접적인 대면 커뮤니케이션과 온라인상의 소통은 근본적으로 다를 수밖에 없다. 같은 얘기를 한다고 해도 상황에 따라서, 표현 방식과 구성에 따라서 전혀 다른 효과와 리액션이 따라오게 된다. 오죽하면 방송으로 잔뼈가 굵은 MC도 인터넷 라이브 방송에서 어떻게 소통해야 할지 몰라 당황했을까.

미래는 불확실하다. 하지만 코로나와 함께 본격적으로 시작된 비대면 시대는 코로나가 끝난 이후에도 계속 될 것으로 보인다. 결국 비대면 시대에 온라인상에서 소통해야 하는 일은 점점 중요해질 수밖에 없다. 말은 언제나 중요했지만 이제는 '온택트 소통을 잘하는 사람이 미래의 강자가 될 수 있다'는 게 내 개인적인 생각이다.

그렇다면 어떻게 해야 온라인에서도 말을 잘할 수 있을까? 홈쇼핑에서는 이미 오래 전부터 온택트 소통을 해왔다. 보이지 않는 시청자들에게 상품을 가장 매력적으로 소개해 구매하게끔 만드는 것이 쇼호스트의 일이다. 그러다보니 어떻게 말해야 보이지 않는 시청자들이 귀를 기울이고, 시선을 고정하는지 경험적으로 알게 된 것들이 많다. 물론 그 이면에는 끊임없이 사람을 이해하기 위한 노력이 바탕이 되었다.

사람이 듣고 싶어 하고 좋아하는 말들은 보이진 않지만 분명히 존재한다. 그런데도 우리는 그 귀한 말과 표현을 손에서 모래가 빠져나가듯 쉽게 놓치거나 대수롭지 않게 여기기도 한다. 그 말들을 이 책에 담았다. 그 말들은 대부분 사람들 모두의 마음속에 용암이 끓어오르는, 생생히 살아 움직이는 본능과 욕구와 닿아 있다. 어떤 말들이 본능과 욕구를 자극하는지를 파악할 수만 있다면 이 책에서 소개한 소통 방법 외에도 스스로 더 업그레이드된 소통 무기를 장착할 수 있을 것이다.

끝으로 잰 걸음이라 할지라도 쉬지 않고 나아가는 꾸준함을 갖게 해 준 고마운 사람들이 있다. 갈 곳 없이 방황하던 글에 환하고 깔끔하게 방향 제시를 해 주어서 일관되고 정돈된 글을 완성할 수 있게 해 준 지와수 편집자에게 감사의 인사를 전한다. 그리고 언제나 묵묵하게 바라보고 말없이 응원해 주시다 하늘의 부름을 받고 가신 아버지, 지금도 당신의 건강보다 노심초사 아들의 안위만을 걱정하시는 어머니, 누구보다 이 책을 기대하고 기다리고 있을 조카 형준이에게 온 마음을 담은 사랑을 전한다.

2021년 2월, 봄이 오는 길목에서
문 석 현

차례 __

프롤로그_ 온택트 소통을 잘하는 사람이 미래의 강자가 될 수 있다 **8**

PART 1 온택트 시대, 혼자 말하는 게 어렵다구요? 15

말이 편해지려면 카메라와 친해져야 한다 **17**
일정한 톤으로 크게 말해야 잘 들린다 **24**
댓글과 채팅창에 올라오는 악플, 어찌 하오리까 **30**
눈은 귀보다 빠르다 **36**
말빨(?)은 글빨에서 나온다 **43**
키워드만 잘 활용해도 사람들이 더 좋아한다 **50**

PART 2 온택트 말하기, 처음 5분이 중요하다 57

그는 어떻게 단숨에 레전드급 유튜버가 되었을까? **59**
60대 힙스터 할머니가 뜨는 까닭은? **66**
이거 실화냐? **73**
무엇이든 구체적으로 '똑' 부러지게 말하는 그녀 **80**

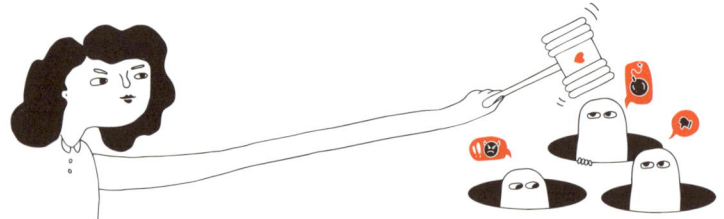

대놓고 하는 독설이 통한다 **86**

진솔한 이야기는 언제나 옳다 **93**

나도 하는데, 당신이라고 왜 못하겠어? **101**

끝내기 홈런, 버저비터가 짜릿한 이유 **108**

PART 3 눈과 귀를 동시에 자극해야 잘 전달된다 **113**

말만으로는 부족하다 **115**

Before & After는 힘이 세다 **123**

사람은 입은 옷 그대로의 사람이 된다 **132**

오버액션과 캐리커처의 공통점 **139**

BABY, BEAUTY, BEAST 그 중에 제일은 BABY **145**

눈이 즐거우면 반은 먹고 들어간다 **152**

답을 알아요 vs 답이 보여요 **157**

PART 4 온택트에서 더 잘 들리는 말은 따로 있다 **163**

'여러분'과 '우리'의 차이 **165**

왜 '남편'은 안 되고, '아버지'는 먹힐까? **173**

차례 __

약을 팔지 말고 병을 팔아라 **180**
바람이 아니라 해처럼 말해야 더 잘 들린다 **186**
'어른들 말씀'은 통하고, '내가 하는 말'은 안 통한다 **193**
나는 몰라요. 하지만 당신은 더 잘 알지요? **199**
마음을 편하게 해주는 한마디 '때문이야' **205**
'중심'에 꽂힌다 **211**
'최고', '최선'보다 '정확'에 끌린다 **217**
'콕' 짚어 말하지 않아도 들려요 **221**
균형이 안 맞아요 **227**
예민함을 건드리면 주목한다 **234**

Part. 01

온택트 시대, 혼자 말하는 게 어렵다구요?

용병의 길은 마음을 공격하는 것이 으뜸이다.
―〈삼국지 촉지〉

말이 편해지려면
카메라와 친해져야 한다

지금은 자타공인 국민 MC로 활동하면서 각종 인기 순위에서 부동의 1위를 달리고 있는 유재석. 그런 그도 처음 연예계에 입문했을 때는 카메라 울렁증 때문에 곤욕을 치렀다고 한다. 평소에는 재치가 넘치고, 말도 재미있게 하던 그가 카메라 앞에만 서면 돌처럼 굳어지는 통에 10년이라는 긴 세월을 무명으로 지내야 했다.

유재석 뿐만 아니라 TV에서 온갖 입담을 자랑하고, 거침없이 말하는 사람들 중에도 카메라 울렁증을 호소하는 연예인들이 많다. 방송을 업으로 하는 사람들도 그런데, 생전 처음 카메라 앞에서 말을 해야 하는 일반인들은 더 말할 것도 없다.

실제로 카메라 앞에서 무언가 말을 하는 것은 여러 사람 앞에서 발표를 하거나 프레젠테이션을 하는 것보다 훨씬 어렵고

서툴 수밖에 없다. 왜냐하면 경험이 거의 없기 때문이다. 물론 다른 사람들 앞에서 자연스럽게 발표나 프레젠테이션을 하려면 상당한 준비와 연습이 필요하다. 처음에는 너무 떨려 목소리도 잘 안 나오지만 몇 번 경험하면 익숙해진다.

카메라 앞에서 이야기하는 것도 마찬가지다. 계속 하면 익숙해지겠지만 어떤 면에서는 사람들 앞에서 하는 것보다 더 생소할 수 있다. 아무래도 누구도 예상하지 못했던 온택트 시대가 오기 전에는 사람들을 보면서 이야기할 상황이 더 많고 익숙했으니까.

당혹스럽기는 하지만 온택트 시대가 열렸고, 익숙해져야 하는 상황이다. 유튜버나 개인방송을 하고 싶어 하는 사람들은 물론, 평범한 직장인들도 카메라 앞에서 이야기해야 할 일이 많아졌다. 어떻게 해야 카메라에 익숙해질 수 있을까?

앗, 내가 이렇게 생겼었나? 웃는 연습이 얼굴을 바꾼다

유튜버가 되고 싶다며 개인방송을 시작한 후배가 있다. 조언을 구하고 싶다고 해 만났다. 당연히 어떻게 해야 말을 잘할 수 있을 것인가를 물을 줄 알았는데 뜻밖의 말을 했다.

> "몰랐는데 내 얼굴이 별로인 것 같아요. 아주 잘생긴 미남은 아니어도 훈남은 된다고 생각했는데, 모니터에 나오는 내 모습

이 영 어색해요."

 약간은 풀이 죽은 듯한 모습으로 말하는 후배가 조금 귀여웠다. 후배뿐만이 아니다. 많은 사람이 화면에 나오는 자기 모습이 실물보다 못 생기게 나온다며 실망한다. 누구든 '내 얼굴이 이렇게 어색했나?', '내가 저렇게 얼굴이 이상하구나'라는 생각에서 벗어나기가 힘들다.

 얼굴이 어색하거나 이상하게 느껴지는 건 어찌 보면 당연한 결과다. 내 목소리를 녹음한 후에 들어본 적이 있을 것이다. 세상 다른 사람 목소리로 들린다. 그런데 화면으로 보는 나의 얼굴은 녹음된 나의 목소리를 들었을 때의 충격보다 훨씬 세다.

 일단 화면에 비춰진 나의 얼굴이 이렇게 어색한 이유는 화면을 잘 받게 해주는 얼굴 근육이 발달하지 않은 데 있다. 나이가 중년 이상인 사람이 사진을 찍으면 대부분 표정이 딱딱하게 굳어있다. 사실 30대만 돼도 이런 현상에서 자유롭지 못하다. 좀 웃으면서 찍으려고 해도 마음처럼 활짝 웃는 얼굴을 표현하기가 어렵다. 나도 가끔 모임에서 친구들과 기념 단체사진을 찍어서 보면 하나같이 근엄한 얼굴들을 하고 있고 나만 혼자 웃고 있다. 잘 웃지 못하는 것은 여자보다 남자들이 더 심각하다.

 TV에서 익히 봐왔던 연예인이나 방송인들이 실물보다 화면이 훨씬 자연스럽고 좋은 이유는 그들의 남다른 얼굴 근육 발달에 있다. 카메라가 가장 좋아하는 얼굴은 웃는 얼굴이다. 지금 당장 거울을 보고 활짝 웃는 얼굴로 30초를 버텨보시라. 생각보다 무지하게 힘들다. 얼굴에서 쥐가 날 정도로 힘들다. 그건 그만큼 평소에 웃지 않았기 때문에 나도 모르게 얼굴 근육이 굳어가고 있다는 증거다.

방송을 보면 웃으면서 진행하지 않는 진행자는 뉴스 앵커 빼고는 없다. 사람들이 웃는 모습을 편안해하기 때문이다. 입장 바꿔서 생각하면 쉽다. TV를 보는데 진행자가 딱딱하고 근엄한 얼굴 표정을 하고 말을 한다면 '왜 저래?'라는 말이 저절로 나온다. 그래서 일단 카메라 앞에서 말을 할 때는 정도의 차이는 있을 지라도 항상 환하게 웃는 얼굴을 하고 있어야 한다.

웃는 얼굴로 말하는데 싫다고 하는 사람은 없다. 웃으면 예쁘고 멋져 보인다. 그래서 웃는 연습을 하면서 굳었던 얼굴 근육을 펴주고 바꿔야 한다. 웃는 얼굴이 잘 안 된다면 처음에는 손가락으로 입을 좌우로 크게 벌려서라도 안면 근육을 풀어줘야 한다. 무조건 자연스러워질 때까지 해야 한다.

또 말을 할 때 입술이 비뚤어진 채 말하는 경우도 많다. 긴장하면 입술은 더 비뚤어진다. 하지만 너무 실망하지 마시라. 좌우가 일치하는 사람은 거의 드물다. 이것도 얼굴 근육의 문제인데, 일단 비뚤어진 나의 모습을 발견하면 나도 모르게 신경을 쓰면서 어느 정도는 교정이 된다. 우선 얼굴 근육을 푸는

게 급선무다.

시선 처리를 잘해야 어색하지 않다

내가 화면에 어색하게 나오는 두 번째 이유는 '시선 처리'에 있다. 정지 화면이야 살짝 각을 바꾸는 정도로도 얼마든지 실제 얼굴보다 잘 나오게 연출할 수 있지만, 카메라는 오로지 정면에 있는 카메라 렌즈에 시선을 고정하고 말을 해야 한다.

시선을 고정하는 게 뭐 그리 어려울까 싶겠지만 막상 해보면 쉽지 않다. 실제 방송하는 나도 처음에는 카메라 원 샷을 받는 게 그렇게 부담스러울 수가 없었다. 카메라를 똑바로 보고 말을 하려고 하면 내가 무슨 얘기를 하는지 자꾸 까먹고, 그럼 또 당황하면서 마무리를 짓지 못한 채 말이 엉뚱한 데로 가거나 뱅뱅 돌면서 자중지란에 빠지곤 했다.

이런 현상을 극복하기 위해서는 연습이 필요하다. 평소에 훈련되지 않은 상태에서 카메라를 보고 말하려면 나도 모르게 눈동자가 이리저리 갈피를 못 잡고 좌로 우로, 위 아래로 헤매는 상황을 피하지 못한다. 그러면 심리적으로 더 위축되면서 목소리는 작아지고 힘이 떨어진다. 스스로 무덤을 파는 격이다.

카메라 앞에서 눈동자가 흔들리지 않으려면 한 곳에 시선을 고정하고 1분 정도 한 주제에 대해 얘기하는 훈련을 하는 것이 좋다. 처음 시도할 때 시간을 재고, 그 다음에는 조금씩 시간을 늘려가면서 훈련하는 방법을 추천한다. 이런 훈련을 자주, 습관적으로 많이 하면 카메라하고 친해질뿐더러, 프레젠테이션이나 비스니스 대화, 면접 등에서도 큰 위력을 발휘할 수 있다.

카메라 마사지 효과

연예인들을 보면 처음에는 왠지 촌스러웠는데 날이 갈수록 예뻐지고, 멋있어지는 경우가 많다. 비결이 뭘까? 바로 카메라 마사지이다. 카메라에 자꾸 찍히는 것을 카메라 마사지라고 하는데, 이 카메라 마사지를 많이 받으면 카메라와 친해질 수 있다.

내 모습을 자꾸 찍어보고 모니터 하는 훈련을 반복하면 나도 모르는 사이 카메라에 적응된다. 사람의 감각적인 본능이란 게 너무나 놀라워서 계속 화면을 보면서 내 얼굴만 모니터 해도 저절로 나의 몸은 카메라 화면에 최적화 되도록 반응한다. 이것 역시 반복하면 할수록 마사지 효과는 커지고 강해진다.

TV홈쇼핑에서 연예인들이 게스트로 나오는 것이 일반화돼가고 있다. 일반 방송에서는 그렇게 웃기고, 재미있으면서 날고 긴다는 연예인들도 막상 홈쇼핑에서는 평소와는 다르게 긴장하거나 어색한 얼굴이 되기 일쑤다. 이미지만을 생각하다가 이미지로 시작해서 판매까지 연결해야 한다는 부담감 때문일 것이다. 다시 말하면 평소에 카메라를 식구보다 더 자주 보는 사람들도 환경이 살짝만 바뀌어도 긴장하고 당황한다는 얘기다.

평소에 카메라 렌즈를 보면서 훈련하는 것은 나만 볼 수 있다. 그리고 환경이 바뀔 이유도 없다. '내 얼굴이 가장 자연스럽고 카메라에 잘 받는 인상이야'라고 믿고 꾸준히 연습하면 어느새 카메라가 부담스럽지 않고 내 몸 일부처럼 친근해질 것이다.

카메라와 친해지면 온택트 세상에서만이 아니라 일상생활에서도 얻을 것들이 너무나 많다. 생활에서도 표정이 밝게 바뀌고, 자신감도 쌓일 수 있다. 밝은 표정으로 자신감 있게 사는 사람은 누구나 반긴다.

일정한 톤으로
크게 말해야 잘 들린다

TV홈쇼핑 채널에서 신입 쇼호스트를 선발할 때 반드시 통과해야 할 과정이 있다. 이른바 상품 프레젠테이션이라고 하는 것인데, 회사에서 미리 제시한 상품들 가운데 한두 개의 상품을 심사위원들 앞에서 2~3분 정도 즉석에서 프레젠테이션을 하는 테스트이다.

이 테스트는 워낙 준비해야 할 상품들이 많고(대략 7~8개 정도 된다), 시험 당일 심사위원이 어떤 상품을 하라고 할지 모르기 때문에, 철저하게 모든 상품을 준비하지 않으면 낭패를 보기 쉽다. 상당히 부담스럽고 어려워서 쇼호스트가 되기 위한 가장 큰 고비라고 해도 무방하다.

그런데 이 테스트에 심사위원으로 참가해서 지원자들의 프레젠테이션을 듣다 보면, 프로와 아마추어의 차이가 극명하게 드러나는 부분이 있다. 프레젠테이션 내용의 차이로 쉽게 생각할 수도 있지만, 그보다 먼저 드러나는 것이 목소리의 차이다. 더 구체적으로 말하자면 발성과 발음의 차이이다.

방송을 통해 나오는 나의 목소리는 우선 마이크를 통해 기계에 들어간 후, 다시 출력 장치, 스피커를 통해서 나오는 목소리이다. 당연히 일반적인 대화 상황 즉, 공기를 통해 전달해서 상대방의 귀로 들어가는 목소리와는 본질적으로 다르다. 공기를 통해 전달되는 목소리는 소음이나 주변 잡음이 없다면 상대적으로 방송을 할 때보다 내 목소리를 변화시킬 변수들이 거의 없다. 그리고 두 사람 간의 거리도 가까워서 더 쉽고 잘 들린다.

그런데 기계를 통해서 나오는 내 목소리는 다르다. 마이크에 내 목소리를 실으면, 그 소리는 마이크와 기계, 그리고 기계 속 스피커를 통해서 나오게 된다. 단순하게 생각해도 나의 목소리는 마이크-기계-스피커의 3단계 과정을 거치면서 본래의 목소리가 어느 정도 깎이게 된다.

'깎인다'는 것은 말 그대로 원래 목소리를 100이라 가정할 때 100이 아닌 95, 90 정도로 발음이 뭉개지는 것으로 이해하면 무리가 없다. 그래서 프로 방송인에 비해 발성이 부족하고 발음이 부정확한 아마추어의 목소리는 더더욱 안 들리거나 불분명하게 들리는 것이다. 성량이 크고 가지런한 목소리는 그 자체로 힘이 있어서 멀리서도 잘 들린다. 성악가가 홀에서 마이크 없이 노래를 불러도 잘 들리는 이유가 거기에 있다.

　온택트 시대의 말하기도 방송에서 쇼호스트가 말하는 것과 다르지 않다. 마이크에 대고 한 말이 휴대폰이든, 컴퓨터이든 기계를 통해 상대방에게 전달되기 때문에 서로 얼굴을 보고 이야기할 때보다 잘 안 들리기 쉽다. 보이지 않거나 모니터를 통해서만 볼 수 있는 상대방에게 어떻게 하면 내 목소리를 잘 들리는 소리로 바꿀 수 있을까?

　우선은 톤이 일정해야 한다. 음계로 따지면 도 면 도, 레면 레 한 톤으로 일정하게 말할 수 있어야 한다. 라디오 뉴스나 TV 앵커들의 톤을 유심히 들어보면, 거의 하나의 톤으로 뉴스를 전달하면서 마무리할 때 어미를 내린다. 뉴스의 객관성을 유지하기 위해서이기도 하지만 그보다는 듣는 사람 입장에서 하나의 톤으로 일정하게 말을 했을 때 가장 잘 들리기 때문이다.

　나의 톤이 얼마나 위아래로 넘실대는지 알고 싶다면, 휴대폰으로 지금 당장 인터넷에서 사건, 사고 기사 아무거나 찾아서 녹음하고 들어보시라. 아무리 일정하게 유지하려 노력해도 어미는 반드시 올라가게 돼 있다. 어미가 급격하게 올라가는 목소리는 유쾌하게는 들릴 수 있어도 가벼운 인상을 주기 쉽고, 신뢰가 느껴지기 힘들다.

　뉴스처럼 한 톤으로 말하는 연습이 단조롭고 힘들다면 본인이 라디오 DJ라고 생각하고 하루에 4~5건 정도 기사를 자연스럽게 읽는 훈련을 하면 좋다. 모든 DJ들이 말을 즉흥적으로 하는 것처럼 들리지만, 실은 대부분 미리 준비한 원고를 마치 말하듯이 자연스럽게 읽는 것이다.

이런 낭독 훈련을 할 때 유의할 점이 있다. 녹음하기 전에 미리 원고에 대해 충분히 내용을 파악한 후 본인의 입맛에 맞게 강조할 부분, 포즈(잠시 멈춤)를 길게 둘 부분, 조금 빠르게 혹은 조금 느리게 읽을 부분들을 미리 정한 다음 그에 맞춰서 원고를 읽어봐야 한다. 그렇게 읽고 녹음한 후에 모니터를 해 본 다음 다른 방식으로 읽어 보는 훈련을 반복하면서 가장 자연스러운 본인의 톤과 포즈 활용 방법을 찾아야 한다.

마음에 드는 책의 한두 구절을 읽는 것도 좋다. 그런 훈련을 계속하다 보면 남과는 다른 독특하면서도 잘 들리는 본인의 개성을 찾을 수 있다. 처음에는 무척 어색하겠지만, 뭐 어떤가! 연습할 때 나의 소리는 나만 듣는다. 창피할 것도 없다. 같은 원고를 계속 다른 방법으로 읽어 가면서 가장 마음에 드는 나만의 소리와 개성을 찾는 과정이다.

또 하나, 남들과 다른 나만의 목소리를 개발하기 위해서는 풍부한 성량이 필수다. 좋은 목소리를 만들기 위해서는 반드시 바로 앞에 있는 사람이 아니라 3~4미터 앞에 있는 사람에게 말을 한다고 생각하고 낭독하는 연습을 하는 것이 좋다. 당연히 평소 나의 목소리보다는 크고 높아야 한다.

이런 연습을 반복하면 어느 순간 나도 모르게 발성과 발음이 달라지는 것을 느낄 수 있다. 더 구체적으로 말하자면 내가

알기 전에 주변 사람들이 달라졌다고 말을 해 준다. 간혹 정확한 발음을 위해서 입에 볼펜을 물고 침을 뚝뚝 흘리며 연습한다든지, 혹은 풍부한 성량을 위해서 큰 물통을 뒤집어쓰고 소리를 지르는 연습을 한다는 말을 들은 적이 있다. 물론 효과가 있다. 하지만 개인적으로는 일정한 톤으로 크게 말하는 방법을 추천하고 싶다. 그렇게 하는 것만으로도 얼마든지 자연스럽고 편하게 나의 목소리를 발전시킬 수 있다.

좋은 목소리, 명확하고 또렷하게 들리는 목소리는 하루아침에 만들어지지 않는다. 최소한 하루에 15분 정도, 한 달 이상 꾸준하게 연습해야 한다. 하루 연습 시간은 늘리면 늘릴수록 좋지만 30분 이상 하기는 무리다. 힘들어서 못한다. 대신 연습 기간은 최소한 한 달 이상은 해야 한다. 대충 생각으로 어림짐작해서 하는 얘기가 아니다. 그 동안 수많은 사람들을 개인 지도해 가면서 몸으로 익힌 나름의 통계다.

분명한 것은 좋은 목소리는 음색이 독특하거나 미성이 아니라는 것이다. 잘 들리는 목소리가 좋은, 훌륭한 목소리이다. 목소리가 너무 잘 들려서 매력이 떨어진다는 사람은 지금까지 듣거나 본 적이 없다.

참고로 덧붙이자면 사투리 때문에 고민하는 사람이 있다면? 걱정 안 해도 된다. 오히려 독특한 억양 때문에 더 잘 들릴 수도 있다. 사투리 때문에 고민하기보다는 더 명확하게 잘 들리는 목소리를 위해서 연습하는 것이 목소리로 본인의 매력을 배가시킬 수 있는 지름길임을 명심하자.

댓글과 채팅창에 올라오는 악플,
어찌 하오리까

우리나라에서는 은퇴하고 현업에서 물러난 지 한참 지난 후에도 주변사람들이 그 사람을 은퇴할 당시의 직함으로 계속 부르거나 더 높여 부른다. 어느 회사에서 전무나 부사장으로 퇴직한 분은 여전히 김 전무님, 혹은 이 부사장님(이럴 때는 아예 사장으로 바뀐다)으로, 국장이나 이사로 퇴직했으면 그대로 국장님, 이사님으로 부른다.

어릴 때부터 무척 궁금했다. 현업을 떠났으면 당연히 그 직함도 아닌데 왜 그대로 부르지? 도저히 이해가 되지 않았다. 어찌됐든 나도 남들이 하는 호칭 그대로 따라 하긴 했지만 말이다. 이런 언어습관은 우리나라만 있는 독특한 문화라고 한다.

우리나라에만 있는 재미있는 특징은 또 있다. 금배지를 다는 국회의원도 우리나라 밖에는 없다고 한다. 이런 건 무엇으로 설명할 수 있을까? 하나는 분명히 알 수 있다. 우리의 마음속에는 다른 사람들로부터 인정받고 싶은 욕구가 분명히 존재한다는 것이다.

만약 누군가 국장으로 은퇴할 분을 '누구 국장님'이라고 하지 않고 그냥 '누구누구 씨'라고 하거나 '누구 선생님' 정도로 불렀다고 가정해보자. 다 그렇지는 않겠지만 적어도 내가 아는 중년의 한국 남성들은 그렇게 자기를 부른 사람과 가까이 지내려고 하지 않을 것이다. 왜? 나를 인정해주지도, 체면을 세워주지도 않았기 때문이다. 더 나아가 나를 업신여긴다고 생각할 수도 있다.

누구나 그렇지만 나이가 중년 이상이 되면 마음이 점점 좁아진다. 별 것도 아닌 것에 심하게 신경이 곤두서고 쉽게 삐치기도 한다. 솔직히 나도 이 문제 때문에 고민이 이만저만이 아니다.

이쯤 되면 눈치 빠른 독자라면 바로 알아차렸을 것이다. 최소한 대한민국에서만 아주 잘 통할 수 있는 소통의 방법을 자연스럽게 터득할 수 있다. 바로 상대방을 인정해주면 대한민국에서만큼은 누구하고도 친해질 수 있다는 얘기다. 상대방에 대한 인정이 진심이면 금상첨화이고, 설령 조금은 입에 발린 말이라도 먹힌다.

나도 방송에서 자주 써 먹는 방법이다. 예를 들면 "지금 ○○○ 쇼호스트가(기왕이면 이름을 정확하고 또렷하게 언급해주는 것이 아주 좋다. 누구든지 자신의 이름을 자주 불러주는 사람에게 호감을 갖지 않을 수 없다.) 아주 중요한 얘기를 했어요"라든가 "지금 ○○○ 쇼호스트가 한 말이 오늘의 핵심 포인트입니다. 왜냐하면~" 식으로 말한다. 그렇게 방송하고 나면 같이 방송한 동료 쇼호스트가 직접적으로 표현하지는 않지만, 나를 보는 눈빛부터가 달라진다. 생방송 중에 시청자들에게 나의 동료를 최대한 인정하고 치켜세워줬으니 당연한 일이다.

진정한 소통은 상대방을 인정해주는 것으로부터 시작된다는 것은 온택트에서도 예외가 아니다. 유튜브, 아프리카TV, 인스타그램 등의 온택트 플랫폼은 기본적으로 일방향 소통이어서 상대방을 인정해주어야 할 일이 별로 없을 것이라 생각하기 쉽다. 하지만 온택트 플랫폼에서도 어느 정도 쌍방향 소

통이 가능하다. 바로 '채팅창'과 '댓글'이 쌍방향 소통의 창구 역할을 한다. 특히 라이브 방송을 할 때는 채팅창을 통해 실시간으로 시청자들의 반응을 확인할 수 있어 더욱 쌍방향 느낌이 난다.

줌이나 다른 화상회의 프로그램을 이용해 회의나 강의를 할 때는 더 말할 것도 없다. 비록 모니터 상으로나마 서로의 얼굴을 보면서 이야기할 수 있어 쌍방향 소통이 얼마든지 가능하다.

문제는 플랫폼이 아니라 소통의 내용이다. 서로 얼굴을 보고 이야기해도 상대방을 '인정'하지 않고 자기주장만 되풀이한다면 쌍방향 소통이라 할 수 없다. 온택트에서는 더 말할 것도 없다. 댓글이나 채팅 창에서 좋은 얘기만 나온다면 별 문제

가 없다. 서로 '인정'해주는 것이니 서로 기분이 좋고 화기애애하다. 하지만 온택트에서의 상대방들이 언제나 좋은 이야기만 하는 것은 아니다. 게다가 사람 심리가 묘해서 얼굴이 보이지 않으면 얼굴 보고는 차마 입에 담지 못할 이야기를 마구 올린다.

무플이 악플보다 낫다고 하지만 악플에 시달려본 사람은 영혼이 탈탈 털리는 느낌이라 한다. 오죽하면 악플에 시달리다 극단적인 선택을 하기도 할까. 꼭 악플이 아니더라도 좋지 않은 말이 나돌면 그 여파는 일파만파로 퍼져 큰 상처를 남기기도 한다.

그렇다면 어떻게 악플에 대응하여야 할까? 애정 어린 비난은 잠시 기분은 상할 수 있지만 오래 가지 않는다. 하지만 무조건적인 악플에는 누구나 감정이 상한다. 그렇다고 같이 감정적으로 대응하거나, 상대방의 잘못을 논리적으로 조목조목 따지거나, 못 본 척하고 넘어가는 것은 결코 좋은 방법이 아니다.

이럴 때는 무조건 악성 반응이라 할지라도 일단 '인정'하고 오히려 추켜 세워주는 것이 현명한 방법이다.

"아 정말 좋은 의견이네요."
"따끔한 충고 감사합니다. 역시 ㅇㅇㅇ님 예리하시네요."
"미처 생각하지 못한 부분인데 너무 감사합니다."

먼저 인정해주고 자신의 입장을 밝히는 것이 좋다. 악의적인 반응임에도 상대방을 먼저 인정해주면 상대방의 반응이 달라질 확률이 아주 높아진다. 왜? 한국인은 인정해주고, 체면을 세워주면 너무나 좋아하니까.

온택트 플랫폼에서 좋은 이야기만 들을 수는 없다. 사람마다 생각이 다르므로 같은 이야기를 해도 반응이 다르다. 그렇다고 아예 모든 이야기를 듣지 않고 혼자서 하고 싶은 이야기를 하고 끝내는 것도 바람직하지 않다. 원치 않은 악플과 마주하게 되더라도 기본이 일방향인 온택트 플랫폼에서 쌍방향 소통을 하려는 노력은 언제나 중요하다.

상대방이 내 말을 인정해주지 않더라도 내가 먼저 상대방의 말을 인정해주는 것. 온택트 플랫폼에서 쌍방향 소통을 할 수 있는 시작점이다.

눈은 귀보다
빠르다

처음 TV 방송을 했을 때의 일이다. 너무나 긴장한 나머지 무슨 말을 어떻게 했는지 기억조차 나지를 않는데, 하필이면 그 방송을 본 전 직장 동기가 그 다음날 나에게 전화해서 이런 말을 했다.

"석현아 너 어제 방송 봤어. 그런데 너 TV랑은 안 맞는 것 같다. 평소 네 얼굴이 아니던데~ 눈은 떴는지 감았는지 보이지도 않고……. 너 책상 아직 안 빠졌더라. 너는 그냥 라디오가 맞는 것 같아. 다시 오는 게 어때?"

아주 잘생긴 얼굴은 아니지만 어디 가서 빠지는 얼굴도 아니었다. 나름 개성 있는 얼굴이라 생각했는데 얼굴이 별로라니, 속이 상했다. 그런데 모니터링을 해보니 정말 동기 말대로 내 얼굴이 이상했다. 원래도 작았던 눈은 더 작게 보이고, 자세도 구부정한 것이 영 보기가 불편했다.

나만의 이야기는 아닐 것이다. 개인방송을 처음 시작한 사람들은 십중팔구 자기 모습에 실망한다. 실제 모습보다 더 부하게 나오고, 어쩐지 나이도 더 들어 보인다며 모니터에 비친 자기 모습을 싫어하는 사람들이 많다. 한 TV 프로그램에서 온택트 시대에 성형수술이 늘었다는 이야기를 들은 적이 있다. 개인방송을 하는 사람들이 자기 모습에 만족하지 못해 성형수술, 시술, 모발이식을 많이 한다는 것이다.

보이는 모습은 중요하다. 보통 누군가를 처음 만날 때는 자신의 보여지는 모습에 신경을 많이 쓴다. 첫인상이 중요하기 때문이다. 온택트 시대에서는 더 그렇다. 직접 대면할 때보다 모니터로만 내 모습을 보여줄 때 시각 정보의 중요성이 더 커진다. 꼭 잘생기고 예쁠 필요는 없지만 최소한 좋은 이미지를 보여주어야 한다.

편안한 자세가 호감을 부른다

TV홈쇼핑에서 베테랑 쇼호스트와 새내기 쇼호스트를 구별하는 방법은 아주 쉽다. 방송 경험이 많은 사람들은 한 눈에 봐도 어느 정도 실력이 있는지 바로 알아볼 수 있다. 그 첫 번째가 바로 눈에서 나온다.

　흔히 '동공에 지진이 온다'는 말을 하는데, 사람이 자신감이 떨어지거나 당황하면 바로 눈에서 표시가 난다. 그런데 사람이 긴장하면 눈보다 먼저 반응하는 곳이 있는데 그 곳이 바로 어깨, 더 정확하게 얘기하면 승모근이다. 이 승모근이 긴장하면 딱딱하게 굳어간다.

　승모근이 긴장으로 굳으면 자연스럽게 어깨가 올라간다. 이런 자세가 되면 누가 봐도 어정쩡한, 아주 부자연스런 자세가 된다. 그러면서 가슴이 닫히면서 기도도 막힌다. 이러면 아무리 목소리가 좋아도 편하고 자연스러운 소리가 나올 수 없다. 평소에 하지 않았던 부자연스러운 자세와 목소리마저 제대로 나오지 않으니 자신감은 뚝 떨어지고 자신도 모르게 더더욱 긴장하고 움츠러들게 된다.

　이런 몸이 만들어지면서 동시에 눈 모양이 만들어진다. 눈은 마음의 거울이라고 하지 않던가? 잔뜩 긴장한 몸 상태로 카메라를 응시하면 자신이 없는 눈은 점점 더 작아져 눈동자가 보일 수가 없다. 누군가 나에게 말을 하는데 눈을 가늘게 뜨고, 모기 같은 목소리로 말을 한다고 상상해 보자. 좋은 느낌을 받을 수가 없다. 평소에 카메라 렌즈를 보면서 충분히 훈련하지 않은 사람은 백발백중 '굳어지는 승모근-움츠린 어깨-구부정한 상체-가늘게 뜬 눈동자'의 수렁에 빠지게 된다.

　이런 상황까지 가면 나의 외모는 내가 생각했던 것보다 훨씬 더 참담하게 나온다. 그래서 '두 번 다시 카메라 앞에 서지 않을 것이다'라고 결심할 수도 있다.

모든 게 첫 술에 배부를 수는 없다. 아무리 긴장을 안 하려고 해도 처음에는 긴장하는 것이 당연하다. 최소한 평소의 자기 모습대로 나오고 싶다면 긴장을 풀고 편안한 자세로 카메라 앞에 서는 연습을 많이 해야 한다. 카메라 앞에서 말을 많이 해 볼수록, 경험이 많을수록 자신감도 붙고, 표정은 더 자연스러워진다. 그리고 본인이 본인의 모습을 보면서 스스로 무엇이 부족한지 깨달으면서 수정 보완하면 된다.

덜 먹을수록 화면이 잘 받는다

TV 화면이든 모니터가 됐든 화면에 나오는 나의 얼굴은 본래의 모습보다는 확실히 펑퍼짐하게 나온다. 그리고 더 확실한 것은 화면에 얼굴이 펑퍼짐하게 나올수록 원래 나이보다 더 들어 보인다는 것이다. 그래서 TV에 나오는 모든 사람들은 알게 모르게 다이어트로 상당한 고생을 한다. 얼굴이 갸름하게 나올수록 화면에 더 잘 받기 때문이다. 조금만 노력하면 본래의 모습보다 더 매력적으로 표현할 수 있는데 이걸 마다할 이유는 없다. 시대 자체가 이미지 시대이기 때문이다.

평소에 다이어트를 하지 않더라도 카메라 앞에 서서 말할 기회가 있다면 그 전 날 저녁을 굶거나, 이것도 힘들다면 평소보다 조금 적게 먹으면 그 다음날 어느 정도는 갸름한 얼굴의 효과를 볼 수 있다. 모니터로 나의 모습을 보았을 때 내가 생각했던 것보다 더 훌륭하게 나온다면 그것만으로도 엄청난 자신감 상승 효과를 볼 수 있다.

후배와 회사 식당에서 점심을 먹는데 살이 많이 쪄서 고민이라고 했다.

"내가 보기엔 지금 딱 좋은데 뭘"
"아니에요 선배님, 한참 좋을 때보단 많이 부었어요. 그런데 선배님 제가 화면에 제일 잘 나올 때가 언제인 줄 아세요?"
"언젠데?"
"주위 사람들이 '너 요즘 어디 아프니? 왜 그렇게 핼쑥해졌어?'라고 말할 때 제일 화면에 잘 받더라고요. 아휴 진짜……."

어찌 보면 가슴 아픈 이야기지만 이것이 현실이다. 물론 전문 방송인이 아니라면 굳이 스트레스를 받으면서까지 살을 뺄 필요는 없다. 하지만 모니터에 실물보다 더 보기 좋은 모습으로 나오고 싶다면 다이어트는 필수이다.

얼짱 각도와 조명발

화면에 생각보다 잘 나오는 또 다른 방법은 '턱을 당기는 것'이다. 얼짱 각도를 생각하면 이해하기 쉽다. 얼짱 각은 카메라를 눈 위치보다 살짝 위에서 찍었을 때를 말한다. 이렇게 찍으면 정면에서 찍었을 때보다 훨씬 얼굴 윤곽이 뚜렷하고 입체적으로 보인다. 자연스럽게 턱을 당긴 얼굴이 되는 것이다. 카메라로 사람들이 말할 때의 모습을 찍어보면 어김없이 턱이 들려 있다. 그 자세가 편하기 때문이다. 지금 당장 스마트 폰을 들고서 정면에서 턱을 들고 찍었을 때와 당긴 후 찍었을 때의 모습을 비교하면 무슨 얘기인지 바로 알 수 있다.

조명을 적극적으로 활용하는 것도 중요하다. 홈쇼핑에서 이미용 상품을 진행하는 쇼호스트는 깨끗하고 화사한 얼굴 톤이 생명이다. 그래서 그들이 방송할 때는 일부러 밑에 작은 조명을 설치해서 얼굴을 더 돋보이게 한다. 요즘은 굳이 전문 방송용이 아니더라고 저렴하고 품질 좋은 조명기기들이 많이 있으니 조명을 잘 활용하면 스스로도 놀랄 정도의 화면 연출을 할 수 있다.

'손은 눈보다 빠르다'는 말이 있지만, 어찌됐든 나의 모습이 타인에게 노출될 때는 목소리보다 먼저 나의 얼굴을 사람들이 먼저 본다. '귀보다 눈이 훨씬 빠르다'는 얘기다. 그 1초도 되지 않는 찰나의 순간에 남들에게 좋은 이미지를 심어주고, 내가 스스로 나의 모습에 만족할 수 있는 방법이 있다면 반드시 활용해야 할 것이다. 실천을 안 한다면 나만 손해 아닌가?

말빨(?)은
글빨에서 나온다

그림 그리기를 주제로 짧은 시간에 50만 명 이상의 구독자를 확보한 유튜버가 있다. 그림을 소재로 50만 명이나? 그렇게 사람들이 그림 그리기에 관심이 많나? 나만 관심이 없는 건가? '그리기'를 소재로 어떤 내용을 전달할 수 있을까? 정말 그대로 따라 하면 누구나 그림을 잘 그릴 수 있는 걸까? 많은 궁금증을 안고 그녀의 채널 '이연(LEEYEON)'에서 동영상을 하나하나 펼쳐보았다. 동영상을 보자마자 느낄 수 있었던 한 가지. 그녀가 놀랍도록 말을 잘하는 것이다.

   그녀 스스로 우울함은 많지만 외로움을 덜 탄다고 밝혔는데, 그래서일까? 목소리가 맑거나 크지 않은 편이다. 그래서 밝은 느낌은 없고 오히려 어둡게 느껴질 정도로 차분하고 약간은 어눌하다고 느낄 정도로 천천히 말을 한다. 그래서 전체적인 분위기는 다크 브라운에 가깝다.

이런 음색과 말투로는 구독자들의 주목을 끌기가 쉽지는 않은데 그녀의 말은 귀에 쏙쏙 들어오고 흡입력이 강하다. 왜 그럴까? 음색과 말투를 무색하게 할 만큼 말을 잘하기 때문이다.

그녀를 달변으로 만들어준 최대의 무기는 바로 '글쓰기'였다. 그녀는 평소에 글을 자주 쓰면서 완성된 문장을 작성한다. 이런 훈련이 반복되고 축적되면서 평소에도 자연스럽게 머리에서 정리되고 완성된 문장이 만들어지고 그 말들이 입으로 나온다.

'대기업 퇴사했습니다. 많이 물어보시는 것들 답변 드립니다'라는 동영상을 보면 그녀가 얼마나 책을 즐겨 읽고 글쓰기를 생활화했는지 알 수 있다. 그녀가 한 말을 그대로 옮겨본다.

"제가 퇴사 준비를 한 것들 두 가지에 대해서 말씀드리려고 해요. 일단 첫 번째로 저는 퇴사 일기를 썼습니다. 그 일기장의 제목은 〈열 번의 생각〉이었는데요. '이 좋은 회사를 3개월 만에 퇴사를 꿈꾸는 건 약간 미친놈 같다. 이 생각이 진심인지 충동인지 한번 구분해야겠다'라는 생각이 들어서 주에 하나씩 리뷰를 했어요. 어떤 리뷰? 퇴사를 하고 싶은 거에 대한 답변을 남기는 거죠. 주에 하나씩.

그래서 첫째 주에는 퇴사하고 싶다. 욕을 막 썼지. 욕을 욕을 썼지. 둘째 주는? 내가 뭐 다음 주라고 생각이 바뀔 줄 아냐? 욕을 썼지……. 근데 그 퇴사를 하려면 그냥 홀몸으로 나오면 굶어 죽잖아요. 내가 굶어 죽지 않으려면 어떻게 해야 되지? 그런 것들에 대해서 또 일기장에 적었어요. 일단은 굶어 죽지 않을 돈을 기본적으로 모아둔다. 그리고 회사를 나가서도 돈을 벌 수 있는 구조를 만들어 둔다. 그리고 퇴사 후에 분명히 할 일들을 정해둔다. 그리고 이런 것들을 절대 티 내지 않는다.

이렇게 뭔가 저만의 기준들을 계속 정리하고 마음이 흔들릴 때마다 책들을 읽으면서 계속 정리를 했거든요. 그렇게 구체적으로 제가 퇴사해도 되는 상태로 저를 계속 만들고 다듬어 왔어요. 지금 혹시 회사를 다니는 게 싫으시다면 그러면 나는 회사 다니는 게 왜 싫지? 한번 10주 동안 기록을 해보시고요. 그럼 내가 이 회사를 나가려면 나는 무엇을 해야 되지? 그걸 한번 정리를 해보세요."

그녀에게 주목해야 할 또 하나의 장점은 그녀가 구사하는 거의 모든 문장이 단문이라는 것이다. 방송언어를 단문으로 구사하는 것은 평소에 고도로 훈련된 프로 방송인만이 가능한 것인데, 그녀는 너무나 자연스럽게 거의 모든 말을 짧게 마무리한다. 그래서 말의 전달력이 높아지고 생동감이 넘친다. 이것은 선천적으로 구사할 수 있는 능력이 아니다.

실제로 중언부언하지 않고 할 말만 정확하고 깔끔하게 하는 사람들은 드물다. 마이크를 쥐고 이야기할 때는 더욱 그렇다.

상대방의 반응을 직접적으로 확인하기 어려우니 깔끔하게 끝맺음을 못하고 계속 말을 하기 쉽다. 쉽게 말해서 말이 산으로 가는지 강으로 가는지 몰라 본인이 말하면서도 정작 본인이 무슨 말을 하는지 몰라 헤맬 때가 많다. 하지만 그녀는 스스로 말했듯이, 틈틈이 글을 쓰는 훈련을 통해서 깔끔하고 명확하게 말을 하는 방법을 터득한 듯하다.

'겁내지 않고 그림 그리는 10가지 방법'을 설명하는 동영상에서도 그녀의 말빨이 책읽기와 글빨에서 온 것임을 알 수 있다. 그녀의 말들은 상당히 논리적이고 체계가 잘 잡혀있다. 이런 말은 평소에 했던 수많은 고민과 생각들을 글로 정리하지 않고서는 나올 수 없는 것들이다. 좀 길지만 그녀가 말한 10가지 방법 중 몇 가지를 그대로 소개한다. 읽어보면 그녀가 이 말을 하기까지 얼마나 많은 고민을 했으며, 그 바탕에 글이 있음을 확인할 수 있을 것이다.

"첫 번째, 겁이 날 때, 그때야 말로 그림을 그려야 하는 가장 좋은 때다. 제가 가장 좋아하는 반 고흐의 편지 중 이런 말이 있어요. '만약 가슴 안에서 '나는 그림에 재능이 없는 걸'이라는 음성이 들려온다면 반드시 그림을 그려 보아야 한다. 그 소리는 당신이 그림을 그릴 때 잠잠해진다'는 말이에요. 그림도 내가 이 선을 그으면 뭔가 거대하게 망할 것 같아요. 근데 그 선을 한번 그어보세요. 망했나요? 안 망해요. 당신 곁의 공기는 잠잠하고 평온합니다. 그 경험을 여러 번 해보셔야 해요.

(중략)

여덟 번째, 망한 것 같다는 생각이 들면 죽을 때까지 이 그림을 혼자 보기로 한다. 유명한 작가들을 보세요. 그들의 습작과 망작은 대부분 공개하지 않습니다. 망친 그림을 그리겠다는 각오로 한 100번쯤 그리면 한 번쯤은 좋은 그림이 나오지 않을까요?

아홉 번째, 끝까지 완성하도록 한다. 다들 요즘 스스로의 그림이 별로라는 생각이 들 때가 많을 거예요. 근데 시간이 지나서 보면, 뭐야? 이때 생각보다 잘했네? 하는 경우도 많아요. 특히 완성작일수록 더욱 그래요. 내가 이렇게 용기와 근성을 갖고 그림을 다 완성했구나. 이때는 뭔가 열정이 있었구나. 그 열정 왜 지금 못하겠어요.

열 번째, 언제나 모든 그림이 처음 그리는 그림임을 기억한다. (오 은)시인 님 어머니께서 '너는 10년 넘게 시를 쓰면서도 시 쓰는 게 어렵니?'라고 하시니까 '어머니 저는 시를 10년 넘게 써왔지만 이 시는 처음 쓰는 시에요'라고 답했다고 하시더라고요……. 그렇게 생각하니 두 가지 생각이 들었어요. 나이를 먹어도 나는 계속 두렵겠구나. 그리고 누구나 두려워하면서 그리겠구나. 그렇게 생각하니 저의 두려움이 부끄럽거나 하찮게 느껴지지 않더라구요."

어떤가! 그녀의 10가지 방법이 귀에 쏙쏙 꽂히는 비결은 먼저 타이틀이나 제목을 선언하고, 그 다음에 왜 그러한지를 짧게 부연 설명하는 것이다. 이른바 두괄식 설명이다. 이렇게 설명하면 듣는 사람은 자연스럽게 집중하게 되고, 쉽게 이해하고, 쉽게 기억할 수 있게 된다. 그래서 설득력도 높아진다.

이런 말하기는 스피치의 기본기 중의 기본 스킬인데, 좀처럼 완성하기 어려운 능력이기도 하다. 이것 역시, 평소에 글쓰기를 습관적으로 해야만 가능한 아주 힘든 능력인데 그녀는 아무렇지 않게 자연스럽게 구사한다.

책을 많이 읽는 사람과 평소에 글 쓰는 것을 좋아하고, 자주 쓰는 사람 중에서 누가 말을 잘할까? 정답은 아마 둘 다일 것이다. 책을 많이 읽는 사람과 글을 자주 쓰는 사람은 둘 다 문장을 자주 접하고 직접 경험한다는 공통점을 갖고 있다.

문장을 완성한다는 것은 생각보다 상당히 어려운 일이다. 그래서 말을 할 때는 논리가 맞지 않거나 말의 순서가 뒤바뀌어도 느낌만 전달하면 의사소통이 가능하지만, 글을 쓸 때는 일단 문장이 완성되어야 한다. 어순도 맞아야 하고, 논리도 있어야 하고, 시작을 하면 반드시 결말을 맺어야 한다.

체계도 있어야 한다. 누구나 경험해 본 일이겠지만, 머릿속에서는 생각이 떠오르는데 막상 글로 표현하려고 하면 어디서부터 어떻게 써야 할지 몰라서 당황했던 기억들이 있다. 느낌만 한 단어로 표현하거나 몇 개의 단어만을 조합해서 제시하는 것으로는 분명히 한계가 있기 때문이다.

그래서일까? 순전히 개인적인 경험이지만 글 쓰는 것을 업으로 하는 사람들 중에서 말을 어눌하게 하는 사람을 본 적이 없다. 왜냐하면 그들은 평소에 완성된 문장을 구사하기 위해서 넘치는 연습과 훈련을 하는 사람들이기 때문이다.

누구나 말을 잘하고 싶어 한다. 화려한 언변을 타고난 사람도 있겠지만 대부분의 평범한 사람들은 연습을 통해 말이 는다. 사실 말은 기본기만 다져도 충분히 잘할 수 있는데, 그 기본기는 '글쓰기'에서 시작되고, 습관처럼 반복해서 글쓰기를 하면서 완성될 수 있다.

키워드만 잘 활용해도
사람들이 더 좋아한다

주변 지인 중에 핀테크(fin-tech) 사업을 하는 사람이 있다. 어느 날 그 지인이 고민을 털어놓았다. 이 사업의 장점과 매력을 설명하는 동영상을 만들어 유튜브에 올리고 싶은데, 어떻게 해야 할지 모르겠다며 울상을 지었다.

"그래도 얼굴 보며 설명할 때는 상대방의 표정을 보고 이해가 안 되는 표정을 지으면 더 자세하게 풀어서 설명할 수 있었는데, 혼자서 일방적으로 설명하려니 더 힘드네. 어디서부터 어디까지 설명해야 할지도 모르겠고, 과연 내가 잘 이야기하고 있는 것인지도 모르겠고……."

사실 나도 핀테크에 대해서는 여기저기서 주워들었거나 스쳐서 봤을 뿐이지 정확하게 어떤 것인지 전혀 알지 못했다. 하

지만 지인의 고민은 충분히 공감할 수 있었다. 지인 말대로 온택트에서는 더 쉽고, 분명하게 말해야 한다. 그래야 사람들이 관심을 갖고 계속 듣는다. 온택트 상황이든 아니든 말은 누군가가 들어줄 때 비로소 의미를 갖는다.

핀테크는 일일이 헤아리기도 어려울 만큼 종류가 다양하고 분야도 방대하다. 하지만 지인이 하는 핀테크는 사업을 하기 위해 자금 투자를 받고 싶은 사람들과 재테크를 하고 싶어 하는 투자자들을 중개하는 온라인 플랫폼이다. 창업자는 여러 투자자들로부터 저리로 자금을 대출받을 수 있고, 투자자들은 은행보다 높은 금리를 보장받는 누이 좋고, 매부 좋은 참신한 신종 사업이었다. 이 핀테크를 어떻게 소개해야 사람들이 듣고 싶어 할까?

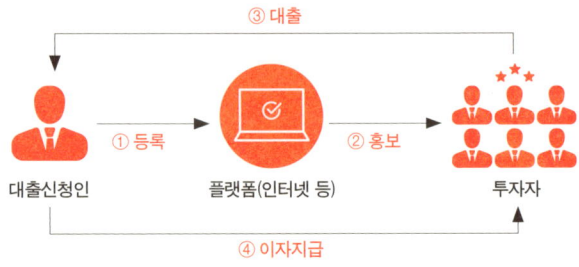

평소 상품에 대해 콘셉트가 잡히지 않거나 좀처럼 아이디어가 떠오르지 않을 때 소위 '만다라트(Mandal-Art) 발상기법'을 종종 애용한다. 이는 큰 주제를 선정하고, 그 주제별로 자유롭게 떠오르는 개념이나 생각들을 확대해가는 방식이다. 보통 가로3칸, 세로3칸으로 구성된 박스 한 가운데 큰 주제를 먼저 적고 이와 관련된 다른 키워드들을 적으면 된다.

우선 핀테크를 만다라트 발상기법으로 생각해보기 전에 '재테크 수단'이라는 키워드부터 적용해보자. 핀테크는 결국 크게 보면 재테크에 포함되니까 말이다. '재테크 수단'이라는 주제어를 놓고, '재테크 수단과 정보'는 어디서 얻는지를 자유롭게 적어 보았다.

	재테크 수단	

→

부동산	주식	적금
입 소문	재테크 수단	대출
② 내 것 아님	① 안보여ㅠ	뉴스

죽 적어보니, 일단 맨 밑에 칸에 있는 '①안보여ㅠ'와 '②내 것 아님'이 눈에 들어왔다. 그리고 이번에는 같은 방식으로 '핀테크의 특징'에 대해 떠오르는 대로 적어 보았다.

돈	변화	다이렉트
③새시대	핀테크	신기술
④신개념	알면 쉽다	간편

이렇게 적어 놓고 보니, 가운데 줄 '③새시대'와 '④신개념'이 눈에 뜨인다. 이번에는 핀테크의 주체인 플랫폼 회사에 대해서도 특징과 떠오르는 개념들을 적었다.

담보	투자자	⑦금융기관
⑤높은 수익률	플랫폼 펀딩회사	투자 정보
⑥만기	대출자	보증

얼추 정리가 된 듯하다. 이제 이 세 가지를 한 데 묶어서 이야기 순서를 정하면 된다. '재테크 수단'에서는 '①안보여ㅠ'와 '②내 것 아님'을, 두 번째 '핀테크 특징'에서는 '③새시대'와 '④신개념'을 그리고 마지막 '플랫폼 펀딩회사'에서는 '⑤높은 수익률', ⑥만기', '⑦금융기관'을 꼽았다. 이렇게 만다라트 발상 방식으로 뽑아 놓은 단어를 이용해서 핀테크가 무엇인지 모르는 사람들을 앞에 놓고 설명한다고 생각해보자.

"세상에서 제일 부러운 사람이 있습니다. 돈 많은 사람보다 더 부러운 사람이 바로 돈이 어디에서 어디로 흘러가는지 볼 줄 아는 사람이죠. 그런데 하필이면 나한테만 이게 ①안보입니다. 그러니 어쩌겠어요? 재테크는 '②내 것 아닌' 내 얘기가 아닌 걸로 자포자기하기 쉽습니다. 그렇다고 재테크를 포기할 수는 없잖아요? ③새시대를 여는 ④신개념의 재테크가 있습니다.

우선 '⑤높은 수익률'이 눈에 띄네요. 평균 연 12%에요. 이것만 봐도 일단 그냥 넘어가선 안 되겠죠? 그렇다면 바로 생각나는 게 안전성이죠. 혹시라도 잘못되면 안 되니까요. 이 핀테크는 돈을 불리고 싶은 투자자와 돈을 구하는 대출자를 동시에 관리해줍니다. 대출자가 담보를 두고 투자자의 돈을 받고 ⑥만기가 되기 전에 돈을 다 갚을 수 있는지 여부를 사전에 플랫폼 펀딩회사가 철저하게 담보 등 검증을 합니다.

그리고 또 관리 당국으로부터 다시 허가를 받습니다. 제일 중요한 것은 투자자의 돈을 펀딩 회사가 관리하는 것이 아니라 ⑦금융기관에 맡기는 거죠. 플랫폼 회사의 안정성도 홈페이지에 공시가 뜹니다. 이렇게 2중, 3중의 안전장치가 있는 고수익 재테크를 나만 모르고 있었다는 겁니다.

이제는 내 돈이 어디로 가야하고, 어디에서 불려야 할지 보이시죠? 모르고 안 한 것은 용서가 되지만 알고도 안 하는 것은 핑곗거리도 없습니다. 무조건 후회만 남죠. 안전하게 무럭무럭 자라나는 내 돈. 내 재테크. 이제는 핀테크 시대입니다."

아주 창의적인 설명은 아니겠지만, 핀테크를 전혀 모르는 사람이라도 쉽게 이해할 수 있게 구성할 수 있었다. 물론 플랫폼 회사를 운영하는 지인도 짧고 간결하게 정리됐다면서 만족해했다.

어떤 주제를 놓고 설명해야 하는 상황에서 누구나 어디서부터 어떻게 풀어야 할지 난감할 때가 많다. 이럴 때 흔하게 하는 실수 중 하나가 무조건 장점이나 결과만을 강조하거나 하고 싶은 말만 늘어놓는 것이다. 이것은 상대가 듣고 싶어 하는 말이 절대로 아니다. 더구나 누구든지 가장 난감해 하는 부분이 처음, 오프닝 단계이다.

이럴 때 '만다라트(Mandal-Art) 발상 기법'이 큰 도움이 될 수 있다. 내가 강조하고 싶은 가장 큰 주제를 놓고 이와 관련한 소주제를 자유롭게 적어가며 남은 칸들을 채우다 보면, 내가 미처 생각하지 못한 방병이 보인다. 귀에 쏙쏙 들리게 매력적으로 말하면서도 내가 강조하고자 하는 주제를 더 입체적으로, 선명하게 드러나게 할 수 있다.

남과는 다르게 말하고, 상대가 내 말에 더 집중하게 할 수 있는 방법을 찾고 있다면, 꼭 만다라트 발상 기법을 평소에 습관적으로 연습할 것을 권한다. 처음에는 다소 낯설고 어려울 수 있지만 하면 할수록 익숙해지고, 나의 발상은 더더욱 날카롭고 빛을 발할 수 있을 것이다.

'창의적인 말하기'는 하루아침에 머리에서 '번쩍'하고 스쳐 지나가는 것이 절대 아니다. 말하기만큼은 꾸준하게 생각하고, 생각을 정리하며 키워드를 구성하는 훈련이 선행되어야 한다. 그래야 내가 어떤 이야기를 해도 상대방이 귀를 쫑긋 세우고 경청하는 수준으로 말을 할 수 있다.

Part. 02

온택트 말하기, 처음 5분이 중요하다

사교의 명수는 모욕을 유머로, 부정을 긍정으로 바꾼다.

— 그라시안

그는 어떻게 단숨에
레전드급 유튜버가 되었을까?

유튜브 채널을 개설한 지 한 시간 만에 10만 명, 개설 12시간 만에 구독자 약 60만 명을 돌파하고, 2019년 6월 13일 13시 19분 첫 영상을 업로드한 후 2일도 지나지 않아 구독자 100만 명을 넘었다. 구독자 100만 명은 최소 몇 년 이상 꾸준히 노력해도 넘기 어려운 넘사벽에 가까운 숫자다.

그 유튜브 채널의 질주는 이후로도 계속돼 채널 개설 3주 만에 구독자가 100만 명이 더 추가돼 200만 명이 되었다. 어디 그 뿐인가! 개설 2주 만에 단 16개의 영상으로 총 조회 수 2,000만을 넘겼다. 이후 구독자 증가 추이는 다소 둔화되었지만 개설 5개월 만에 300만 명을 돌파했고, 2021년 1월 29일 기준 구독자 수는 478만 명에 이른다. 어찌나 성장세가 빠른지 유튜브가 자체 측정한 '2019년 가장 빠른 성장 속도를 보인

채널순위' 세계 3위에 오르는 기염을 토했다.

우리나라 사람들만 열광하는 것이 아니다. 북한에서 중국으로 나와 있는 북한 유학생들이나 사업가들이 그의 유튜브 동영상을 보고 레시피를 전해줘서 북한 주부들에게도 인기를 끌고 있다고 한다. 식재 확보나 조리 환경 때문에 몇몇 레시피를 따라할 수 없다는 게 단점이긴 하지만 애초에 요리비책 콘셉트 자체가 상황에 맞는 적절한 레시피 조정이기 때문에 북한의 사정에 맞는 레시피로 조정돼 알려지고 있다는 후문이다.

이 정도면 거의 유튜브의 레전드 급이다. 거의 모든 유튜브 독자들이 그의 등장을 기다렸다고 해도 과언이 아닐 정도로 폭발적인 인기를 끌고 있고, 그의 인기는 현재 진행형이다. 과연 그는 누구일까? 한 대중매체에서는 그의 인기 비결을, 특히 그의 화술에 대해 이렇게 얘기하고 있다.

> '방송에서 충청도 사투리 특유의 억양과 방언을 제대로 쓰는데, 그 특유의 꾸밈없고 어수룩한 말투가 시청자들로 하여금 친근감과 공감을 이끌어내고 있다.'

이 정도까지 얘기하면 그가 과연 누구인지 바로 알 것이다. 바로 전 국민이 알고 있는 백종원이 주인공이다. 그의 푸근한 외모와 친근한 화술이 사람들에게 호감을 불러일으키는 것은 맞지만 그가 개설한 '백종원 요리비책' 채널이 폭발적인 인기

를 끄는 이유는 또 있
다. 그의 채널이 단
숨에 레전드 급 채
널로 부상할 수 있었던 비결은 뭘까?

요리 채널은 수도 없이 많다. 저마다 자기만의 레시피로 군침이 절로 나는 음식들을 만들어 보여주지만 모두가 많은 사람들로부터 사랑받는 것은 아니다. 꽤 많은 구독자 수를 자랑하는 채널들도 있지만 그의 채널과는 비교조차 할 수 없다.

물론 그의 인지도도 분명 레전드 급 채널을 만드는 데 한몫을 했을 것이다. 하지만 그보다 더 중요한 것은 그의 레시피에는 다른 레시피에서 볼 수 없는 비밀이 있다는 것이다. 그가 올린 요리 동영상에는 사람들이 좋아 죽는 수많은 요리 비밀들이 존재한다. 심지어 마트에서, 분식점에서, 식당에서 쉽게 사먹을 수 있는 떡볶이에도 그만의 비밀이 존재한다. 그래서 전혀 다른 떡볶이를 만들 수 있다.

이처럼 '비밀'은 언제나 사람들의 관심을 끈다. 아무한테나 함부로 털어놓지 않는, 그래서 쉽게 들을 수 없는 이야기여서 더 귀를 쫑긋하게 만든다.

"떡볶이에 가장 중요한 재료는 파에요. 파는 많을수록 좋구유."
"설탕이 많이 들어가는 양념에는 MSG가 별 효력을 발휘 못

합니다. 조미료 계열이 효력을 발생하는 거는 단 맛이 약한 음식에는 강해유."

"잘 모르는 부분이 떡볶이 하면 고추장만 들어갈 거라고 생각하는 분들이 많거든요. 아닙니다. 고추장 일부 들어가고 고춧가루가 들어가고……"

"마트에서 재래된장이라고 있는데 그거 썼다고 재래된장 아니에유. 시골에서 할머니들이 담아서 된장독에 있는, 그 중에서 몇 년 된 거, 그 된장하고 마트에서 파는 된장하고 5:5나 3:7로 섞어서 쓰면 정말 맛있어유."

"된장이 쓴 맛 날 때는 설탕을 쓰세요. 만약에 정말로 밖에서 사먹는 것처럼 감칠맛 나게 먹고 싶으면 미원을 넣으세유. 된장찌개에 소고기 다시다 하고 미원 쓰는데 어떤 게 낫냐고 한다면 미원이에유."

"된장찌개에 파, 양파, 청양고추, 무는 있어야 돼유, 맛을 내려면. 물은 쌀뜨물을 조금 넣으면 더욱 좋아유."

"오! 다른데! 하는 거 하나, 하나 비법을 알려드릴께유. 찌개를 끓일 때 끓어오르면 끄세유. 가장 맛있는 된장찌개는 한번 식혔다가 두 번 끓인 된장찌개가 정말 맛있어유."

그의 말 하나하나가 다 예사롭지 않다. 우리가 흔히 먹는 음식을 만드는 데도 그만의 비밀 레시피가 숨어 있으니 홀린 듯이 자꾸 그의 동영상을 보면서 희열을 느낀다. 왜? 지금까지 알지 못했던 맛의 비밀을 알았는데 어찌 흥분하지 않을 수 있을까? 아낌없이 주는 나무처럼, 본인만이 알고 있는 비밀들을 여과 없이, 아낌없이 쏟아내는데 거기에 흥분하고 열광하지 않을 사람은 없다.

동영상마다 저절로 받아 적게 만드는 비밀이 숨어 있는데, 만드는 방법은 쉽다. 어렵지 않게 뚝딱 집에서 해먹을 수 있는 된장찌개에도 그가 쏟아 놓는 비밀을 듣고, 보고 있자면 완전히 새로운 맛의, 할머니께서 해 주시던 된장찌개의 맛이 소환된다. 그리고 저절로 감탄이 쏟아지면서 '나도 저 비밀로 맛있는 요리를 해 먹을 수 있겠다'는 용기가 저절로 솟아오른다.

"국물이 쫄잖아유~ 어떻게 하지? 어떻게 하지? 물 부으면 되지~ 그리고 끓이면 돼유. 안심이 돼쥬?"

듣다 보면 절로 웃음이 나오는 말도 간간히 한다. 당연한 이야기를 한 것임에도 뭔가 대단한 비밀을 들은 듯한 착각마저 든다.

비밀은 사람간의 관계를 돈독히 하고 유대감을 갖게 하는 데도 영향을 미친다. 많은 커뮤니케이션 이론서에도 '상대와 친해지기 위해서는 먼저 나의 비밀을 그 사람에게 살짝 털어 놓으라'는 제안을 많이 한다. 생각하지도 않았는데 누군가 나에게 그 사람만의 비밀을 털어 놓는다. 쉽게 말해서 마음을 열었고, 뜻하지 않은 귀한 선물을 받았다는 뜻이다.

상대가 나에게 마음을 열면 나는 상대에게 더 활짝 마음의 문을 연다. 그게 사람의 본능이다. 그리고 큰 선물을 받은 나는 언젠가는 그에게 더 큰 선물, 비밀을 털어 놓고 둘만의 비밀로 공유한다. 두 사람은 더할 나위 없이 가까워지고 끈끈한 유대감을 갖는다.

그래서일까? 그가 올린 동영상에서는 안티 댓글이 눈에 띄지 않는다. 그의 동영상을 보다 보면 중간 중간 요리를 하면서 그의 회사가 만든 여러 식재료들을 공개하고 또 사용한다. 그러면서 "이거 쓰라는 거 아니에유. 그런데 내가 만들었어도 정말 맛있어유"라고 아무렇지 않게 얘기한다. 그런데도 전혀 거부감이 없고, 실제로 댓글들을 봐도 그의 행동을 비난하는 글을 보기란 쉽지 않다.

그의 채널을 보면 볼수록 유튜버로서의 성공이 결코 우연이거나 운이 좋았기 때문이 아니라는 것을 확인하게 된다. 전 국민이 알 정도로 유명한데다 그만의 비밀이 숨어 있는 믿고 따라해 볼 수 있는 요리 비법, 여기에 구수한 충청도 사투리로 초등학생도 알아들을 수 있는 쉬운 언어로 친근감 있게 설명하는 화법이 더해졌으니 사람들이 좋아할 수밖에 없지 않을까?

60대 힙스터 할머니가
뜨는 까닭은?

백발의 짧은 커트머리, 군살 없이 날씬한 몸매에 멋진 패션 감각까지 돋보이는 60대 할머니. 누가 봐도 범상치 않은 할머니다. 이미 외모에서 풍기는 아우라에 관심이 절로 생기는데, 그 할머니가 입만 열면 더 열광할 수밖에 없다.

> 한국인 최초 밀라노 패션 유학생
> 에스콰이어, 삼풍백화점, 삼성 문화재단 디자인 고문
> 패션 컨설턴트

역시 이력부터 예사롭지 않다. 하지만 할머니가 인기 유튜버가 된 것은 눈에 띄는 외모나 화려한 이력 때문만은 아니다. 그녀가 운영하는 밀라논나(Milanonna) 채널에는 다른 사람은

할 수 없는, 그 할머니만 할 수 있는 이야기가 있기 때문이다.

사실 할머니라 말하기가 민망할 정도로 그녀는 또래에 비해 젊고 멋지다. 그럼에도 말을 할 때 스스럼없이 '할머니가 보기에는~', '할머니가 젊은 친구에게 이야기해주고 싶은 것은'처럼 스스로를 할머니라 칭한다. 어지간히 자존감이 높지 않으면 그렇게 못한다. 그래서 그녀가 본격적인 이야기를 시작하기도 전에 사람들은 그녀의 당당하고 멋진 모습에 매료당한다.

게다가 그녀가 하는 이야기는 거의 대부분 일반 사람들은 모르는 이야기들이다. 개인적으로 TV홈쇼핑 방송을 할 때, 가장 금기시 하는 것이 있다. 어떤 얘기든 간에 시청자가 알 만한 이야기는 절대 하지 않는다는 것. 어떤 이야기든 내가 아는 이야기를 상대방이 할 때는 본능적으로 고개를 돌린다. '아 지금 네가 무슨 이야기를 하려고 하는구나'라는 의도가 파악되면 누구든지 더 이상 그 이야기를 듣고 싶어 하지 않는다. 그래서 무엇이든 시작은 상대방이 알지 못하는, '어 그런 게 있었어?'라는 궁금증을 불러일으키는 이야기를 하려고 무던히 애를 쓰고 머리를 쥐어짠다.

그녀는 의도적으로 남들이 모르는 이야기를 하려고 애쓰는 느낌은 아니다. 워낙 오랫동안 패션업계에 종사하면서 직접 보고 겪은 것들이 많다 보니 그녀가 말하는 모든 것이 새로운 느낌이다. 특히 그녀가 들려주는 명품 이야기는 너무 흥미롭다.

　명품에 관심을 갖는 사람들은 많지만 명품 브랜드에 담긴 스토리나 역사를 아는 사람들은 그리 많지 않다. 나도 그렇지만 아마 대부분의 사람들은 엄청나게 비싸다는 정도만 알고 있을 것이다. 그런 명품을 그녀는 알기 쉽게, 때로는 잘 알려지지 않은 비하인드 스토리까지 더해 이야기해준다.

　　"톤 언 톤을 맨 처음 시작한 사람이 조르지아 아르마니에요. 매일 출근하는 지적인 여자. 각 단품 아이템을 구비해 놓고 그거를 코디해 놓고 입는 것."
　　"이거는 돌체 앤 가바나 방식이네. 왜냐하면 도미티크 돌체하고 스테파니 가바나가 이태리 남부 시실리 출신 커플이에요. 그래서 그 양반들이 굉장히 요란해……, 양성이 있으니까."
　　"이거는 옛날 로맨틱 룩의 크리스쳔 디올이에요. 입은 사람도 돋보이고 이 스커트도 돋보이고. 오드리햅번이 로마의 휴일에 입었던 것처럼 이렇게 간단하게."

　단순히 명품 자체만을 이야기하는 것이 아니라 일반 옷으로 명품 분위기를 연출하는 방법도 친절하게 알려준다. 비록 가격이 너무 비싸 명품을 사지 못해도 그녀가 알려주는 대로 옷을 입으면 명품 부럽지 않을 것 같다.

　　"이런 건 완전히 막스마라 풍이네. 낙엽 지는 길을 걷고 싶다.

그럼 이런 거 하나 걸치고 스카프 하나 턱 하면 멋있잖아요."

"항상 이태리 그 모드 위원회에서 색을 정할 적엔 올해 유행했던 색하고 매치가 되는 색을 해요. 그러니까 작년에 유행했던 거와 뭐를 맞춰 입을까? 이걸 꼭 염두에 두고 유행하는 색을 정하죠."

그녀의 영상은 길지 않다. 보통 5분 남짓한데, 그 짧은 시간 동안 그녀가 말하는 한마디 한마디가 모두 신세계 같다.

그리고 72만 명이 넘는 수많은 구독자(2021년 1월 29일 기준)가 그녀에게 열광하는 이유는 또 하나가 있다. 그녀는 그녀만이 갖고 있는 신세계를 거침없이 쏟아 내는 것 이외에도 거의 모든 동영상에 일관적으로 묻어 있고 강하게 주장하는 하나의 단어가 등장한다. 바로 '자존감'이다. 어떻게 옷을 고르고 입어야 하는지를 묻는 질문에 대한 답만 봐도 그녀가 제일 중요하게 여기는 것이 '자존감'임이 분명하게 드러난다.

Q 옷 고르는 게 스트레스에요.

"너무 겁내지 말고 옷 입는 건 남에게 보여지는 건데……, 그러려면 내가 먼저 당당하게 입고 나가야지만 '어 저렇게 입어도 멋있구나'라고 생각해요. 나는 너무 뚱뚱하니까, 나는 너무 말랐으니까 이렇게 생각하지 말고 자꾸 자기가 옷을 입어보세요. (옷도 경험이야) 자기 꺼가 되면, 그럼 자기 옷이 되는 거야."

Q 밀라노에서는 어떤 패션이 유행하고 있나요?

 "진짜 멋쟁이들을 보면 머리끝부터 발끝까지 새 걸로 입고 나온 사람들은 멋쟁이라고 안 해요. (머리부터 발끝까지 구찌, 구찌, 프라다, 프라다 이렇게 입는 게 아니라요?) 그런 애들을 얘네들은 'Kitch'(싸보여)라고 해요. 사람들 따라가면 자기 취향이 없다고 보니까. 자기 안목으로 코디를 한 사람을 밀라노에서는 진짜 멋쟁이라고 하거든요." 〈옷 사기가 두려운 아미치에게〉

너무나도 멋진 그녀에게 옷을 코디하는 방법 이외에도 인생 상담을 하는 구독자도 많다. 삶을 살아가는 방식과 마음가짐에 대해서도 항상 강조하는 것이 역시 '자신감'이다.

Q 어떻게 하면 할 말은 하고 상대를 사랑하면서 배려할 수 있을까요?

 "이런 말을 하는 젊은이는 정말 멋있는 젊은이잖아요. 겁내지 마세요, 뭐든지 두려워하지 마세요. 이 세상에서 가장 중요한 건 나잖아요. 내가 없어지면 우주가 멸망하는 거잖아요. 나를 항상 존중해주세요. 이 정도 젊은이면 눈치 보지 마시고 본인이 원하는 걸 분명하게 말씀하세요. 그런데도 상대방이 떠나갔다. 그건 상대방의 잘못인 거예요."

Q 남친이 저를 별로 사랑하지 않는 것 같아요. 하지만 2년 동안 정이 들어서 헤어지는 게 겁이 나요.

"음식이 약간 맛이 가려고 할 때 먹으면 배탈 나잖아요. 만났을 적에 불편한 사람을 눈치 봐 가며 만날 필요가 뭐 있어요? 상대방을 만났을 때 내 몸을 한번 보세요. 내 몸이 긴장하고 있고, 내 마음이 따뜻해지지 않고, 전전긍긍하게 되고, 눈치 보게 되고 그러면 (내 몸이 거부하는 관계는) 폐기해도 괜찮아요."

그녀는 내가 알고 있는 보통의 60대와는 생각하는 방식이나 마음가짐 등 여러 가지로 결이 다르고 너무 많이 색다르다. 어른들은 대부분 자기 자신을 낮추고 상대방과 맞춰가면서 살아가라는 의미의 조언을 한다. 아마도 젊은 세대가 기성세대에게 거부감을 갖는 이유가 바로 여기에 있지 않을까 싶다. 옳고 그름을 떠나 거의 대부분이 거의 똑같은 조언이나 충고를 해주기 때문이다.

하지만 그녀는 다르다. 그녀는 지금의 기성세대와는 완전히 다른 시선으로 세상을 바라보고, 그리고 그녀만의 방식과 해석으로 젊은이들에게 새로운 해법을 제시하고 있다. 60대의 어른이 '나'부터 생각하라 하고, '내가 제일 중요할 뿐더러 나의 자신감이 가장 중요하고 세상을 살아가는 가장 큰 원동력이 된다'는 것을 그녀가 겪어온 삶을 토대로 환한 미소로 얘기를 풀어가니 그녀를 좋아하지 않을 수 없다.

그녀는 시종일관 주장한다. '패션은 유행이 아니라 자신감의 표현이다'라고. 옷 입는 것부터 본인만의 자신감으로 중무장을 하고 세상에 나서는데 그 어떤 일이 두려울까? 세상을 사는 용기를 얻는 것과 더불어서 내가 모르는 세계에 대해 재미있게 들려주고, '패션'에 대해 받아 적어도 모자를 깨알 같은 꿀 정보를 제공해 주니 구독자가 더 폭발적으로 늘어나는 건 시간문제인 듯하다.

그녀의 모든 동영상이 다 똑같은 건 아니지만, 궁금증과 호기심으로 시작해서 결국엔 '패션은 자신감이다'로 마무리된다. 결론만 보면 정말 뻔할 수 있다. 그런데도 수많은 구독자들이 그녀에게 열광하는 이유는 보통 사람들은 전혀 알지 못하거나 대충 알고 있었던 세계에 대해 얘기하고, 또 그녀만이 겪었을 이야기로 시작하기 때문이다. 한마디로 그녀는 궁금증을 유발한다. '어 어떤 사람이지?'라는 생각이 저절로 들면서 지켜보게 된다. 그리고 재미있다. 게다가 기성세대임에도 기성세대의 구태의연한 생각들을 산산조각 내 버리는 통쾌함까지 있다. 이러니 사람들이 그녀에게 집중하는 것은 당연하다.

모든 사람들이 그녀와 똑같이 얘기할 수는 없다. 하지만 누구나 할 수 있는 호기심과 집중력을 높이는 방법은 있다. 어떤 얘기든 간에 상대가 알 만한 이야기는 절대 하지 않아야 한다는 것이다. 무슨 이야기든 그녀처럼 몰랐던 이야기, 궁금증을 불러일으키는 이야기를 해야 한다. 특히 온택트에서는 시작부터 궁금증을 유발하는 것이 좋다. 그래야 아무도 듣는 사람 없어 혼자 이야기하는 슬픈 상황을 만들지 않을 수 있다.

이거 실화냐?

유튜버 중에 자신이 겪은 실제 이야기를 기가 막히게 엮어내는 인기 강사가 있다. 사회탐구영역 강사인 그녀는 우선 외모와 의상부터 강렬하다. 연예인 못지않은 화려한 메이크업과 과감한 액세서리, 그리고 시상식 때나 입을 것 같은 화려한 의상으로 시선을 잡는다. 하지만 그녀의 입담은 화려한 외모를 뛰어넘는다. 우선 조회 수가 높은 동영상들의 제목들을 보면, 수험생이라면 누구나 관심을 갖고 군침을 흘릴 만한 이야기들이다(유튜브 공부피플 채널).

- 중학생 때 옥상에 올라가 죽으려고 했던 썰
- 취해서 기말고사 봤는데 교수님이 답안지 보고 감동 먹은 이야기

- ***쌤 사시 준비할 때 신림동 토스트 가게이야기
- ***쌤 독하게 인생 살아온 이야기
- **쌤이 김태희를 보고 여러 번 느낀 점
- **쌤 작은 언니의 OT이야기

제목 자체도 흥미롭지만 모두 그녀가 직접 겪은 실화여서 더 구미가 당긴다. 마치 어제 있었던 일을 그녀만의 독특한 억양과 몸짓을 섞어가며 생생하게 이야기하는 모습을 보면 1인 드라마나 연극을 보는 것 같은 착각이 들기까지 한다.

"내가 전국에서 제일 잘하는 건 논술이었어. 왜냐하면 내가 초등학교 때부터 고등학교 때까지 탄 상이 진짜 방 한 가득 채울 정도야. 전국 1등도 많이 했었고, 서울대학교에서 주최했던 전국 국어 논술 경시대회…… 내가 금상 출신이야. 진짜 내가 논술로 나라를 씹어 먹었던 사람이야…….

내가 1학년 1학기 기말고사에 밤새 술을 마시고, 잔디밭에서 한두 시간 자고 취해가지고 가서 썼어. 시험문제가 뭐였냐 하면 공자의 정명론의 현대적 의의를 사례를 들어 설명하시오. 뭐 이런 문제였어. 근데 술 취해서 쓰니까 그때 처음 알았어. 술이 취하면…… 일필휘지야. 고민이란 게 없어. 탈고와 퇴고가 없어! 그냥 막 화아악~.

그런데 교수님께서 내 답안지를 보고 감동을 먹으셔서……

이거 실화야. 내 답안지를 전부 타이핑을 해서 우리 수강생들한테 전원 이메일로 뿌렸어. 자기가 교수하면서 가장 감동받은 답안지여서 오 탈자, 띄어쓰기까지 그대로 타이핑을 해서 전체 수강생에게 참고하도록 보냅니다~~ (오~~)

나한테는 정말 놀라운 경험이어서 교수님께 물어봤어. 차마 술 마시고 썼다고는 얘기 못하고……. 교수님 그렇게 대놓고 타이핑해서 전체 메일을 뿌릴 정도로 대단한 답안이냐. 나는 모르겠다 그냥…… 생각나는 대로 썼다. 그랬더니 (교수님이)이렇게 거침없는 문체는 처음 본대!"

'취해서 기말고사 봤는데 교수님이 답안지 보고 감동 먹은 이야기'라는 제목을 클릭해 들어갔을 때 그녀가 한 이야기다. 한 편의 코믹콩트처럼 재미있다. 너무 재미있어서 다른 동영상은 어떨까 호기심에 또 클릭한다.

"그 분이 이제 의류학과에서 신소재 섬유를 개발하신 거야. 그 옷을 입고 신체 체온이 어떻게 변하는지에 대해서 박사 논문을 쓰셔야 되나 봐. 옷을 입기 전에 체온을 재고, 옷을 갈아입고, 2시간 후에 체온 변화만 측정하고 나가면 되는 거야. 그런데 시급이 너무 쎈거야. 그래서 '제가 할게요~'하고 찾아갔어. (그 분이)전화로는 말씀 못 드렸는데요. 제가 박사 논문이라~ 제가 학위가 걸려 있어서 진짜 정확하게 체온을 재야 돼서요……. 죄송

한데 직장열을 잴 거거든요…… 직장이란 대장의 끝부분에 있는 것으로써 몸 밖에 나가는 구멍과 연결된 장의 일부로서…… 거기에 체온계를 꽂는다고?? 와! 꽂는 장면을 생각만 해도 미쳐버리겠는 거야."

나도 모르게 웃음이 절로 나올 정도로 재미있다. 어찌 보면 수업과는 직접적으로 관련이 없어 보이는 이야기지만 그녀는 기가 막히게 수업내용과 연결시킨다. 수업도 참 재미있게 한다. 재미있는 이야기로 호기심과 궁금증을 한껏 증폭시키고, 기억하기 쉽게 본 수업과 연계해 강의하니 그녀를 사랑하지 않을 수 없다.

확실히 그녀는 말을 잘한다. 아마 똑같은 이야기를 해도 그녀가 하면 훨씬 더 재미있을 것이다. 그만큼 그녀의 입담이 좋다. 하지만 그녀의 스토리가 재미있을 수밖에 없는 또 하나의 포인트가 있다. 바로 그녀가 하는 모든 이야기가 실화라는 것이다. 실제로 그녀는 강의 도중 '이건 진짜 실화야'라는 이야기를 빼놓지 않고 꼭 한다.

실화가 갖는 힘은 크다. 세상에서 둘째가라면 서러워할 제일 재미있는 얘기가 '진짜 있었던 이야기'이다. 사람들이, 우리들 모두가 얼마나 '진짜 있었던 이야기'를 좋아했으면 '이거 실화냐?'라는 말이 유행어가 되겠는가?

서울과 춘천을 잇는 경춘선에 아주 작은 기차역인 신남역이 있었다. 강촌역과 남춘천역 사이에 있는 역이었는데, 그런 역이 있었는지조차 모르는 사람들이 대부분이었다. 폐쇄한다고 해도 아무도 아쉬워하지 않을 것 같은 그 역이 이름을 바꾸면서 사람들이 모이고 강원도 춘천권의 대표적인 관광지가 되었다. 그 역의 이름은 '김유정역'.

왜 '신남역'은 관심을 못 받고, '김유정역'은 주목을 끌 수 있었을까? 신남역은 단지 지명을 딴 이름이었을 뿐이다. 하지만 '김유정역'은 실존했던 유명한 소설가의 삶이 반영되어 있다. 이미 알려진 그의 이야기에 미처 우리가 알지 못했던 실제 이야기가 더해지면서 '김유정역'은 생생하게 살아 숨 쉬는 역사가 된 것이다.

실화를 소재로 스토리텔링을 해서 마케팅적으로 성공한 예도 많다. 생수의 종류는 상당히 다양하다. 가격도 천차만별인데, 비교적 고가의 고급 생수 중 하나가 '에비앙'이다. 에비앙이 다른 생수보다 가격이 서너 배 비싼 데는 에비앙이 탄생한 배경 이야기가 단단히 한 몫을 한다.

먼 옛날 알프스 작은 마을에 신장 결석을 앓던 소녀가 있었는데 동네의 우물물을 마시고 깨끗하게 나았다. 원래 신장 결석은 물을 많이 마셔야 빨리 나을 수 있다. 그러니 소녀가 우물물을 마시고 나았다는 것은 상당히 신빙성이 있었고, 그 이야기가 퍼지면서 너도 나도 그 우물물을 구하러 나섰다고 한다.

이렇게 실화는 언제나 사람들의 마음을 움직인다. 꼭 거창

할 필요도 없다. 주위에서 흔하게 겪을 수 있는, 그리고 일상에서 누구나 접할 수 있는 일이어도 어떻게 이야기하느냐에 따라 특별하고 호기심을 불러일으킬 수 있다. 유튜버 강사가 자신이 겪은 일을 재미있게 이야기함으로써 수강생들의 호기심을 자극한 것처럼 말이다.

TV홈쇼핑에서도 제품을 부각하기 위해서 제품 자체의 특징보다는 제품과 관련한 뒷이야기에 더 힘을 싣기도 한다. 아시아 서남부 쪽 사막에 나무가 자라는데, 그 나무에 상처를 내서 수액을 받은 후, 이것을 말린 후에 알약 형태로 만들어서 '관절에 도움을 줄 수 있다'는 인증을 받은 건강기능식품이 있다. 게다가 섭취 중단 4주 후에도 관절의 개선 상태를 확인할 수 있다는 실험결과까지 나오면서 이목을 집중시켰다.

사실 이 제품은 TV홈쇼핑에서 소개하기 전부터 이미 정보에 밝은 사람들이 해외에서 직구로 원물이나 관련 상품을 구입하고 있었다. 이것만으로도 충분히 제품을 멋지게 소개할 수 있었지만, 이 원료만이 갖고 있는 전설 같은 이야기를 소개하면서 제품의 이미지는 급상승했다.

바로 '아기 예수의 탄생을 축하하기 위해서 동방박사가 마리아에게 줄 세 가지 선물을 준비했는데, 황금, 몰약, 그리고 나머지 하나가 바로 보스웰리아'라는 것. 또한 5천 년 전부터 사용했다는 기록이 있고, 아유르베다, 동의보감에도 기록이 있어서, 아주 오래 전부터 몸이 좋지 않은 사람들에게 신비의 효능을 줬다는 전설의 원료라는 것. 이렇게 소문과 전설이 자자한 보스웰리아를 현대의 과학자들이 자세히 분석한 결과, 드디어 그 비밀이 밝혀졌는데, 바로 움직이기 불편한 관절에 매우 특별한 역할을 한다는 사실을 밝혀냈다는 것. 이렇게 제품 자체의 기능성에 집중하는 것보다는 제품 원료가 갖고 있는 남다른, 하지만 알려지지 않은 스토리들을 소개하면서 더 큰 효과를 누릴 수 있었다.

온택트로 이야기를 해야 할 때는 더욱 더 스토리텔링이 중요하다. 본론으로 들어가기 전에 스토리텔링으로 호기심을 자극하면 그만큼 다음 이야기를 하기가 수월해진다. 스토리텔링은 가능한 한 실화일수록 효과가 크다. 사람들은 실제 일어난 이야기이면서도 내가 몰랐던 이야기에는 관심을 갖는다. 그 이야기가 나와 관련이 있으면 관심도는 급증한다. 귀 기울여 듣게 되고, 더 나아가 애착을 가지고 주위에 열심히 퍼뜨린다.

지금부터라도 사소할 것 같아서 쓰기도 민망한 실화들을 차분하게 메모해 보길 바란다. '나는 이야깃거리가 없어. 그래서 할 것도 없어~'라고 푸념하고 체념하는 사람이 있다면, 다시 한번 본인을 돌아볼 필요가 있다. 평범하고 지루할 것 같은 나의 일상은 사실 아무도 알지 못하는, 나만이 알고 있고 이해하는 오직 나의 세계라는 것. 그래서 평범한 일상을 기록하고 적절한 순간에 스토리텔링을 하면 지극히 평범했던 일상도 다른 사람의 호기심을 자극하는 비범한 이야기가 될 수 있다.

무엇이든 구체적으로
'똑' 부러지게 말하는 그녀

'언니의 따끈따끈한 독설'로 유명한 유튜버가 있다. 약 131만 명의 구독자(2021년 1월 29일 기준, MKTV 김미경 TV)를 갖고 있는 그녀는 사실 유튜버 이전에 오프라인에서도 화끈하고 속 시원한 화법으로 많은 사람의 사랑을 받았던 분이다. 대체 얼마나 독한 말들을 쏟아내기에 채널 안에 아예 '독설'이라는 단어를 넣어 코너를 만들었을까? 궁금해하며 동영상을 보았는데, 독설은 말 자체가 아니라 그녀가 제시한 주제에 있었다.

사람들은 여자 남자 할 것 없이 모두가 자기만의 상처를 안고 산다. 물론 누군가에게 상처를 주고 싶지 않겠지만, 내 뜻과 상관없이 상처를 받는 건 끔찍하다. 그런데 사회생활을 하다 보면 나도 모르게 상처를 받는 일이 거의 매일 생긴다고 해도 과언이 아니다. 그래서 누구에게 말도 못하고 혼자서 끙끙 앓는다. 이렇게 사람들은 상처에 예민하고, 상처 때문에 고민하고, 심지어 누군가에게 말로 표현하기조차 힘든 얘기이기 때문에 더 상처받고 괴로워한다. 그녀는 사람들이 겪는 상처를 에둘러 말하지 않고 직설적으로, 구체적으로 말한다.

- 자존감 높아지는 3가지 대화법
- 만만해 보이지 않으려면? 절대 손해 보지 않는 대화법!
- 상대방의 호감을 얻고 마음 여는 법을 공개합니다! 말해봤자 아무 소용없고, 그냥 참고만 있자니 속 터져 죽을 것 같을 때
- 존엄하게 살기 위해 나이 들수록 반드시 준비해야 할 3가지
- 대화할 때 이것만은 하지 마세요.
- 뭘 해도 안 맞고 껄끄러운 사람이 있다면? 사회에서 적을 만들지 않는 꿀팁을 알려드릴게요
- 은근히 나를 싫어하는 사람 상대하는 법
- 한 때 친했던 사람과 관계가 꼬여버렸을 때

제목만 봐도 명치 끝 어딘가가 불편하다. 명치끝이 아린 이유는 그녀가 제시하는 주제가 너무나 또렷하고 구체적이기 때문이다. 누구나 한번 이상쯤은 고민하고 고민했고, 힘들어할 얘기들, 늘 나를 괴롭히는 해답이 막연한 얘기들, 그래서 이러지도 저러지도 못했던 나에게 그녀는 아프고 시린 문제들을 콕 짚어서 마치 독설처럼 화두를 던진다.

유튜브를 비롯한 온라인 세상에서 제목은 '어때? 이런 주제로 이야기할 건데 들어볼래?'라는 의미이므로 아주 중요하다. 제목에서 관심을 끌지 못하면 아예 다음 이야기는 시작도 할 수 없기 때문이다. 그런 의미에서 '언니의 따끈따끈한 독설'이라는 코너명도 그렇고, 동영상들의 제목 역시 사람들의 눈길을 끌기에 충분하다.

하지만 그녀의 매력은 동영상을 플레이하면서부터 더욱 찬란하게 빛이 난다. 대부분 일상의 대화에서 친한 사람에게 고민을 털어놓으면 상대는 '아 그랬니~ 많이 힘들었겠구나' 식의 공감과 위로를 건넨다. 사실 그것만으로도 충분할 수 있다. 굳이 길게 이야기하지 않아도, 상대방의 속상함을 공감해주기만 해도 상대방은 위로받고, 고민이 있는 사람은 그 고민을 털고 일어나기도 한다.

단지 공감하는 것을 넘어 구체적으로 어떻게 해야 하는가를 확실하게 제시하는 사람들도 있다. 다소 불편한 이야기도 솔직하게, 거침없이, 그리고 아주 구체적으로 말한다. '언니의 따끈따끈한 독설'이 바로 그렇다.

"어떤 대화를 하든 찬물을 끼얹는 유형이 있어요. 누군가 무슨 말을 하면 내가 잘 돼라, 내가 걱정돼서 그렇다는 핑계로 찬물을 끼얹은 적은 없나요? 나이가 들수록 내가 좀 안다, 내가 좀 더 배웠다, 깊이가 있다는 생각으로 상대의 말을 자르고 찬물 끼얹는 거, 그런 적은 없는지 생각해보세요."

'대화할 때 이것만은 하지 마세요'라는 동영상에서 그녀가 한 말이다. 화끈하다. 그녀의 말을 들으면 '혹시 나도?'라는 생각이 들며 스스로를 돌아보게 된다. 또한 그녀가 제시하는 해법이 뻔하지 않다. 사회에서 적을 만들지 않는 꿀 팁으로 그녀는 회사에서 누군가와 너무 친하게 지내지 말라고 조언한다.

"누군가와 회사에서 너무 친하게 지내잖아요? 그러다 조그만 문제가 생기면 둘은 헤어지고 둘 중 하나는 나가야 돼요. 한 사람에게 못되게 굴어서 적을 만드는 게 아니라, 소수와의 과도한 친밀함이 다른 사람을 밀어내 버리는 거죠."

한마디로 회사에서는 사람들과 적당한 거리를 두는 것이 오히려 섭섭함을 느끼지 않고 오래 갈 수 있는 방법이라는 것이다. 회사에서 친하게 지냈던 동료와의 관계 때문에 힘들어하는 한 직장인에게는 '너는 왜 친구를 회사에서 만들려고 하니? 친구는 밖에서 만들면 안 되니?'라고 조언한다.

그녀가 하는 모든 이야기가 명쾌하고 구체적이다. 조회 수가 높은 자존감 높이는 3가지 대화법을 그녀는 다음과 같은 방식으로 풀어낸다.

"첫 번째 말을 줄이는 거예요. 나이가 들수록 말이죠. 내 말을 줄이고 대화의 MC가 돼서 상대의 말을 이끌어 내세요. 그리고 온 몸으로 리액션을 해야 해요. 말을 많이 할수록 결국 집에 와서 후회만 해요. 말을 줄일수록 자존감이 올라갑니다.

또 자존감은 리액션, 피드백을 먹고 살아요 나로 인해 상대방이 기분이 좋아질 때 나의 자존감도 올라가는 거예요. 이게 두 번째죠. 관계 속에서 자존감을 높여라.

그리고 다른 사람의 말만 옮기는 건 위험한 거예요. 내 자존감을 높이기 위해서는 공부해야 합니다. 내 입에서 나온 말은 누가 제일 먼저 들어요? 내가 들어요. 그 말이 나를 해할 수도 있고 구할 수도 있어요. 그래서 공부한 말이 나를 구하고 내 자존감을 높여요. 이게 세 번째에요."

어떤가. 아주 명쾌하다. 문제제기를 할 때도 모호함이 없고 구체적이고, 대답 역시 구체적이다. 첫째, 둘째, 셋째 사람들이 포인트를 금방 이해할 수 있도록 내용을 주제별로 구분해 어떻게 해야 자존감을 높일 수 있는지 조목조목 이야기해준다.

물론 무언가를 가르치는 듯한 그녀의 화법은 호불호가 있을 수 있다. 또한 그녀가 하는 말이 다 정답은 아니다. 사람마다 상황이 다르고, 문제를 풀어가는 방식이 다른데, 모든 사람에게 동일하게 적용되는 답이란 있을 수 없다.

그럼에도 그녀가 하는 말에 관심을 갖는 이유는 뭘까? 속 시원하기 때문이다. 사람과의 관계 때문에 어찌할 바를 모르는 사람들에게 그녀의 말은 얼음을 탄 사이다처럼 시원하다. 마치 안개가 걷히면서 시야가 터지는 것 같다. 왜? 그녀는 언제나 명확하고 구체적인 답을 보여주니까.

온택트 세상에서는 더더욱 하고 싶은 이야기를 명쾌하게 할 수 있어야 한다. 정확한 근거와 분석을 토대로 '이렇게 해라' 구체적으로 이야기할 수 있다면 금상첨화다. 요리를 하든, 옷을 고르는 방법을 말하든, 메이크업을 하든, 자동차를 사든 구체적으로 '무엇을 해라'라고 제시할 수 있어야 한다. 그래야 사람들이 관심을 갖고 계속 듣는다.

대놓고 하는
독설이 통한다

이 사람이 무슨 이야기를 하면 '그 말이 옳다'라고 하고, 또 어떤 사람이 반대 이야기를 해도 '아 그 말도 옳다'라고 하면서 모두가 옳다고 말한 사람이 있다. 바로 황희 정승이다. 어렸을 때 이 이야기를 들으면서 황희 정승처럼 모두를 포용할 줄 아는 훌륭한 인격의 소유자가 되어야 한다는 교육을 받았던 기억이 난다.

하지만 시대에 따라 사람들이 추구하는 가치나 신념은 달라진다. 그 시절에는 내 말도, 네 말도 옳다고 인정하는 것이 미덕이라 여겼지만 지금은 다르다. 원래부터 사람들의 마음속에는 흑백논리가 상주해 있다. 요즘에는 그 흑백논리가 더욱 강해져 중간 입장이나 어중간한 태도를 보이면 거부감을 갖는 경우도 많다. 황희 정승이 정승이라는 타이틀이 있어서 망정이지 요즘 세상에 사회생활을 했으면 어땠을까? '내 편도 아니고 저쪽 편도 아니야? 넌 도대체 정체가 뭐냐?' 이런 비난 아닌 비난같은 반응이 나올 수도 있다.

물론 극단적인 흑백논리는 바람직하지 않다. 그럼에도 황희 정승처럼 모두가 옳다고 말하는 것보다는 '나는 맞고 너는 틀리다' 식의 극단적인 화법이 사람들의 관심을 끌기도 한다. 대표적인 인물 중 하나가 트럼프이다. 도대체 중간이라고는 없이 대놓고 자기편과 남의 편을 갈라 입을 열 때마다 독설을 날리는 그가 대통령이 될 줄 누가 알았을까? 드러내놓고 트럼프를 지지하지는 못했지만 그가 하는 말에 귀를 기울이고 박수를 보낸 사람들이 많았기에 모두의 예상을 뒤엎고 트럼프는 대통령에 당선될 수 있었을 것이다.

이런 극단적인 커뮤니케이션 방식으로 인기를 끄는 유튜버가 있다. '오마르의 삶'이라는 채널을 운영하는 유튜버인데, 위로나 공감도 아니고 그냥 대놓고 독설로 시작해서 독설로 이야기를 끝내는데도 20~30대의 압도적인 지지를 받고 있다. 구독자가 55만 4천 명인데(2021년 1월 29일 기준), 세대가 다양하지 않고 그가 주로 말하는 화두가 20~30대의 고민과 문제에 국한돼 있는 것을 감안하면 엄청난 숫자다.

그는 대한민국의 20~30대에게 그들이 자신도 모르게 빠져들 수 있는 비현실성 낙관성과 순진한 사실주의에 대해 신랄하게 비판하고 독설을 마다하지 않는다. 이를테면 이런 식이다.

"네가 앞으로 잘 될 것 같지? 그렇게 살면 어림 반 푼 어치도 없어!"

예수님을 연상케 하는 긴 머리와 수염으로 시선을 잡고, 연애와 진로 등 20~30대가 고민할 수 있는 여러 가지 이슈에 대해서 본인의 생각을 가감 없이 말하는 유튜버인데, 말하는 방식이 공격 일변도다. '제발 애 낳지 마세요'라는 제목의 동영상을 보면 그가 얼마나 독하게, 극단적으로 말하는지 알 수 있다.

"정말 많은 사람들이 애를 낳는 게 어떤 건지 잘 모릅니다."
"TV를 보면 연예인들의 육아 예능이 나옵니다. 그런 거 보면

서 아, 나도 애 낳고 알콩달콩 살아야지 생각하면요, 큰일 납니다. 연예인들 돈 *나 많아요. 청소해주는 사람 쓰고 부부끼리 놀러 가면 육아 애 전문가한테 맡겨요. 비싼 산후 조리원에서 쉴 만큼 쉬다가 나오면 관리 받고 좋은 거 다 챙겨먹습니다."

"남편은 매일 야근하고 아내는 독박 육아하는 우리랑은 차원이 달라요. TV에서 아기들이 웃고 있는 것 보면 예쁘죠. 걔가 하루에 몇 분이나 그렇게 웃고 있을 것 같아요? 대중매체는 던지기만 할 뿐 아무것도 책임지지 않습니다."

"나라가 원하는 것은 새 일꾼 생산이지 여러분들 개개인의 행복과 안녕이 아닙니다. 예능은 시청률만 높으면 장땡이고 회사는 애가 없는 직원을 선호하고 기득권은 노동인구 생산을 원합니다."

듣기 불편하지만 틀린 말은 없다. 너무 있는 그대로를 솔직하게 말해주어 가뜩이나 무거운 마음이 더 무거워지지만 끝까지 다 듣게 된다. 그 독설의 방향이 사회가 아닌 개인에게 향해도 마찬가지다. '20대에 인생이 꼬이는 과정'이라는 주제의 동영상에는 누구에게도 쉽게 들을 수 없는 독설이 가득하다. 대부분은 힘들게 사는 20~30대에게 무한한 위로와 격려를 보내는데, 이 유튜버는 한번 들으면 정신이 번쩍 들만한 독설을 날린다.

"대충하면서 존버[1]하는 이들은 아직 기회가 오지 않았다는 말을 좋아합니다. 그리고 계속 천직 타령하면서 이것저것 쉽게 건드리는 이들은 경험주의라는 말을 신봉하지만 사실 아무것도 열심히 안 했기 때문에 결과적으로 분야에 대한 내공도 삶에 대한 경험치도 늘지 않습니다. 그 와중에 나이만큼은 성실하게 쌓이죠."

"연구도 안하고 대충 성급하게 하는 그런 선택으로 인생이 풀릴까요? 남들이 바보라서 열심히 사는 게 아닙니다."

"자리를 못 잡는 것만이 문제가 아니라 이런 사람은 젊은 꼰대가 되기 쉽습니다. 동생들 만나면 평소에 눌려있던 자아가 팽창되면서 허접한 경험담 이야기하고 인생 설교하는데 술값은 낼 능력이 없습니다. 무슨 말이냐, 사람이 정말 끝없이 못나질 수가 있다는 거예요."

그의 말은 자칫 거만하거나 상대를 가르치려고 하는 말투로 들리기 쉽다. 만약 그렇게 들렸다면 상당히 위험한 소통을 하고 있는 것이다. 더구나 시종일관 같은 톤과 자세로 일관되게 이야기를 하고 있으니 스스로 가시밭길로 걸어간 듯한데 의외로 반응이 좋다. 그 이유는 비록 독하게 말은 하지만 누구도 쉽게 해주지 않은 불편한 진실을 이야기해주기 때문이 아닐까?

---

[1] '존나게 버티는'의 준말

확실히 자극적인 독설은 주목을 끌 수 있다. 자극적이라고 해서 욕을 하거나 은어나 비어를 섞어서 쓰라는 게 아니다. 자신의 말에 확신이 있다면, 논거가 확실하다면 얼마든지 직설적으로 표현한다 할지라도 많은 사람의 공감을 이끌어 낼 수 있다는 얘기다. 만약 그가 같은 내용이라도 독기를 빼고 다음과 같이 말했다고 생각해보자.

"저도 참 힘들게 살았어요. 살아보니 이런저런 후회가 들더라고요. 아무것도 안하고 그냥 행복해질 거라고, 잘 살 거라 생각했던 내가 참 한심스러워요. 여러분은 저처럼 바보처럼 살지 않기를 바랍니다."

결과가 어땠을까? 이런 톤으로 잔잔하게 이야기하는 것을 좋아하는 사람들도 있겠지만 자극적인 독설보다 확실히 주의를 끌기는 어렵다. 같은 이야기라도 따뜻하게 격려하면서 할 수도 있고, 독설 유튜버처럼 뒤통수를 치는 독설로 할 수도 있다. 어떤 화법으로 이야기할 것인가는 자신의 선택이지만 그의 말에 귀 기울이는 20~30대가 많은 것을 보면 자극적인 독설의 파급력을 무시할 수 없다.

화법과 더불어 그의 목소리도 구독자를 늘리는 데 한몫을 한 것 같다. 그의 목소리엔 경상도 억양이 살짝 섞여있다. 그리고 약간의 비음이 가미되면서 아주 명료하고 더더욱 강하게 들린다. 극히 개인적인 생각이지만 경상도 남자들은 대부분 목소리가 크고 우렁찬 것 같다. 그래서 타고난 발성도 그의 화법을 더 돋보이게 하고 있다.

무엇보다 그는 대학을 중퇴하고 래퍼를 하는 등 음악에 잠시 발을 담갔었지만, 수익이 좋지 않아서 20대 내내 아르바이트를 하며 어렵게 생활을 했다고 한다. 그 힘겨운 생활을 이어가며 그만의 시선으로 생활에서 겪는 모든 것들을 차분하게 기록했을 것이다. 그가 직간접적으로 경험하고 지켜본 거의 모든 것들이 지금 젊은 세대가 고민하는 주제들이다. 그것을 정확하게 짚어서 위로 따위는 없는, 그만의 통쾌한 직설 화법으로 의견을 제시한다.

그가 하는 말 하나하나가 다 정확하고 옳을 수는 없다. 그러나 그의 거침없는 독설은 그가 쏟아내는 내용을 더 돋보이게 하고 부각하는 것은 맞다. 그래서 더 잘 들리고 집중하게 한다. 주제나 콘텐츠에 따라 상황과 분위기가 많이 다르겠지만 통념이나 상식을 뒤집는 이런 화법은 확실히 집중하게 하는 매력이 있다.

진솔한 이야기는
언제나 옳다

지금은 기억도 가물가물하지만 언젠가 보험 방송을 준비하는데, 보험 회사는 누구나 다 알고 있는 업계 1위의 회사에다가 보장 내용도 아주 훌륭했었다. 하지만 보험료는 상당히 비싸서 당시 일반 시청자들이 보기에는 선뜻 가입하기 부담스러운 수준이었다.

방송 전 담당 PD와 이 보험료를 오픈할 것인가 말 것인가를 놓고 서로 의견이 갈렸다. 담당 PD의 생각은 '보험료를 보여주면 무조건 콜 떨어지니까 절대 오픈하지 말고 우리의 장점만 계속 얘기해요'였다. 물론 나는 반대였다. 보험료를 비싸더라고 공개하고, 왜 보험료가 비싸야만 하는지, 비싼 보험료를 내고 받아갈 수 있는 더 많은 것들을 강조하자고 했다. 결국 그 방송에서는 보험료를 오픈하지 않았다.

TV홈쇼핑에서 건강기능식품과 일반 식품의 구분은 엄격하다. 일반 식품으로 분류했는데 마치 건강에 큰 이로움이 있는 것처럼, 식약처로부터 특별한 인증을 받은 건강기능식품처럼 오버해서 설명하면 가차 없이 방송심의기관으로부터 제재가 내려온다.

대한민국의 대표 건강기능식품인 홍삼을 방송하는데 여름 특집으로 물에 잘 녹는 홍삼 상품을 추가로 주는 특집을 하게 됐다. 그런데 추가 구성으로 가는 홍삼이 건강기능식품이 아니라 일반 식품으로 구분된 것이 발목을 잡았다. 본 품은 건강기능식품인데 추가 구성은 일반 식품이라는 것을 방송 때 일일이 구분해서 말해야 하니 소개하기가 참 난감했다. 자칫 잘못하면 모두 다 기능성을 인정받은 홍삼으로 오인할 수 있기 때문에 회사 내 심의팀에서도 계속해서 이른 바 '지적질'을 했다. 꼭 추가 구성은 '일반 식품'임을 강조하라고.

이럴 때 보통은 술에 물 타는 식으로 둘 다 건강기능식품인 것처럼 말하기 쉽다. 홍삼의 훌륭한 기능성을 실컷 말하고서 '추가 구성은 일반 식품이에요'라고 말하면 얼마나 맥이 빠지겠는가? 하지만 이번엔 사정이 다르다. 자체 심의팀에서도 눈에 불을 켜고 감시하고 있기 때문에 무조건 본 구성과 추가 구성을 구별해서 얘기해야만 했다. 말을 하자니 콜이 떨어질 것 같고, 말을 안 하고 슬쩍 넘어가자니 주문은 많겠지만 제재를 받을 것 같고. 그야말로 진퇴양난이다.

더구나 모두 건강 기능성을 인정받은 홍삼인 줄 알고 산 소비자 입장에서는 크게 실망할 수 있는 상황이다. 이럴 때는 어떡해야 할까? 지금까지 경험으로 봤을 때는 무조건 먼저 '솔직'해야 한다. 그래야 사람들이 마음을 연다.

"오늘 추가 구성으로 가는 쿨 홍삼은 일반 식품입니다. 그런데 제품 안쪽에 설명이 있네요? 홍삼 고형분이 30% 이상 들어 있습니다. 어지간한 홍삼 건강기능식품 못지않아요. 홍삼을 아주 잘 아시는 분이거나 가성비를 따지시는 분이라면 이걸 놓칠 리가 없죠. 일단 가격이 좋고, 홍삼도 꽤 많이 들어있거든요. 실제로 오프라인에서도 많이들 찾으신대요. 역시 고객님들의 홍삼 보는 수준과 안목이 보통 아닙니다. 그 훌륭한 일반 식품 쿨 홍삼이 오늘 추가 구성으로 가는 거예요."

사람은 본능적으로 자신의 좋은 점만을 보여주고 싶어 한다. 누구나 감추고 싶은 부분이 있다. 물론 보여주고 싶지 않은 단점이나 어떤 모습을 꼭 보여줄 필요는 없다. 하지만 어떤 모습이든 솔직하게 이야기할 때 상대방은 마음을 열고 귀를 쫑긋 세운다.

'진솔한 이야기'는 화법보다 강하다. 커뮤니케이션 기술이 없어 설령 서툴게 이야기해도 진심으로 솔직하게 하는 이야기에는 누구나 귀를 기울인다.

유튜브에서 이 '솔직' 하나로, 거침없이 '솔직'한 화법 하나로 131만 명의 구독자(2021년 1월 29일 기준)를 확보하고 있는 70대 유튜버(박막례 할머니, Korea Grandma 채널)가 있다. 학력은 무학으로 나와 있다. 가난한 집에 시집가서 자식들 공부시키기 위해 청소부, 가정부를 비롯해 거의 모든 종류의 식당까지 안 해본 것이 없다. 고생만 죽어라 하고 70넘어서는 건망증 때문에 고생하는 할머니가 주인공이다.

그런 할머니가 손녀의 도움으로 유튜브 세상에 첫 발을 내디디면서 소위 대박을 친다. 편견과 가식이 없는, 남을 전혀 신경 쓰지 않는 솔직 담백한 그녀만의 화법으로. 여기에다 구수한 호남 사투리와 유쾌한 욕설이 가미되면서 인기는 폭증한다. 할머니의 모든 동영상에서 할머니만의 솔직한 화법을 엿볼 수 있지만 그 중에서도 백미는 '드디어 할머니가 처음 말해주는 인생의 비밀'이라는 주제의 동영상이다.

"나 공부를 안했잖아. 못 배웠잖아. 나 미국 가므는 말 한마디도 모르고 입 딱 자크를 잠근 거야. 그런디 만약 내가 이렇게 될 줄 알았으믄 떡 팔고 과일 팔아도 집에서 혼자 새벽에 영어 공부라도 하면 씨부렁씨부렁 한번 해봤을 거 아녀? 진짜 미국을 갈

줄 알았으면 내……, 진짜 상상도 못하자나 미국은…….

나는 40세 때 커피 타는 것도 배우고 싶었어요. 근데 안 배웠지. 내가 근디 내 인생이 뭐 커피 탈 일이 있을 거라고 생각이나 했겠어요? 내가 근디 구글을 갔잖아~ 내가 커피를 탈 줄 알았으면 내가 진짜 미국 가서도 커피를 탔을 거예요. 미국 가면은(미국에서 백발노인이 카페 알바 하는 것을 봤던) 자기가 자신만만 하고 능력만 되믄……, 커피…… 집에 가서 일도 할 수 있더만. 그러믄 내가 20대 때 영어를 했고, 40대 때 커피를 배웠으믄 나 지금 미국 가서 커피 타고 있어. 그런 선택을 할 수 있었다는 거지…….

남들이 말하는 건 절대 의식하지 말어. 느그들 왜 남의 말에 신경 써? 야 내 자식들이 말할 때도 내가 들을 때는 X같은 말도 있어. 뭐 자식들이라고 엄마한테 좋은 말만 해주냐? 니 친구들도 마찬가지자나~ 야 친구들이라고 좋은 말만 해주냐? 사람들의 말은 사람들의 말이야. 절대 신경 쓰지 말어. 너 허고 싶은 대로 해! 나도 진짜 20대 때 영어공부도 하고 다 하고 싶었다. 내 주변에 말은 다 머라고 하는 줄 아냐? 니가 그거 배워서 뭐

하나고 그랬어. 미국 갈래? 니가 미국 사람이랑 대화할 일 있냐? 막 그랬었어. 지금 생각하면 그 새키 XXX들이여!! 느그들 때문에 나 미국 가서 말 한 자리도 못하고 왔어 이 XXX들아!!……, 야 우리가 코로나!! 그 잡놈의 병이 올 줄 알았냐? 누가? 인생, 사람 모르는 거야. 야 나쁜 것도 소리 없이 오지만은 좋은 것은 더 소리 없이 올 수 있어.

내가 느그들한테 한 명언 있지? 남의 장단에 맞추지 말라고~ 니 장단에 춤추제~ 남의 장단에 춤추지 말라 했잖아. 너 박자에 맞추고 싶은 사람들이 막 너한테 이렇게 와. 니가 남의 박자에 맞추지 말고 니 박자에 맞춰 그럼 그 사람들이 다 와."

할머니의 말은 맥락이 없다. 그저 생각나는 대로 자유분방하게 말하는 스타일이다. 그래서 당연히 말의 순서나 구성도 없고, 논리도 없다. 그런데도 자꾸 듣고 싶고 재미있다. 70평생을 살면서 힘든 일만 골라서 했을 테니 인생의 단맛보다는 쓴맛이 압도적으로 많았을 것이다. 그 켜켜이 쌓인 고통을 참아내고 이겨낸 후 나오는 얘기는 머리에서 나오는 얘기가 아니라 단전보다 더 깊숙한 곳에서 나오는 큰 울림일 것이다.

그래서 앞 뒤 순서도 안 맞는 말 하나하나가 어록 자체다. 그냥 다 받아 적어서 보면 그 자체로 교과서를 뛰어 넘는다. 혹 삶의 무게 때문에 힘들어한다면, 무작정 할머니의 말을 있는 그대로 따라 적어보길. 어마어마한 에너지를 얻으리라 확신한다.

　우리가 할머니에게 빠지는 이유는 여러 가지가 있겠지만 그 중에서도 가장 큰 요인은 그녀만의 '정직한 말하기'에 있다고 본다. 돌아가거나 모호하지 않고, 솔직하게 있는 그대로 명료하고 깨끗하게 본인의 말을 전달한다는 것이다. 무엇이든 솔직하게, 편견이나 선입관 없이 거침없이 말하기 때문에 듣는 사람은 저절로 마음을 열게 된다.

　온택트 세상에서 할머니처럼 장점이든, 단점이든 솔직하게, 있는 그대로 말하기는 쉬운 일이 아니다. 얼마 전에 꽤 유명한 사람이 '내돈내산(내돈 주고 내가 사다)로 제품을 써보고 리뷰한다'고 했다가 거짓말로 밝혀져 곤욕을 치른 적이 있다. 일반인들도 업체의 협찬을 받아 리뷰하는 경우가 많은데, 아무래도 협찬을 받으면 솔직하게 평가하기가 쉽지 않다. 단점은 감추고 장점만 부각하거나 단점을 이야기하더라도 두루뭉수리하게 잠깐 이야기하고 만다.

　솔직하지 못한 리뷰가 소비자들을 현혹시키는 것이 문제가 되어 지금은 법적으로 협찬을 받은 경우 꼭 밝히도록 되어 있다. 그래서 아예 내돈내사인 것처럼 거짓말하는 경우는 줄었지만, 어떻게든 잘 안 보이게 감추려는 것은 여전하다. 밝히더라도 맨 마지막에 조그마한 글자로 '이 글은 OO 업체의 협찬을 받아 작성했습니다'라고 쓰는 정도이다.

　반대의 경우도 있다. 이름만 들으면 알만한 개그맨은 아예 처음부터 대놓고 협찬받은 제품임을 밝히고 시작한다. 그럼에도 단기간에 꽤 많은 구독자를 확보했다. 협찬 제품임을 당당하고 솔직하게 밝힌 것도 매력적이지만 제품 리뷰 내용이 너무 솔직하기 때문이다. 협찬 받은 제품이라도 맛 없으면 맛없다고 거침없이 이야기한다. 그러니 그가 하는 말은 또 듣고 싶어진다.

온택트 세상은 묘한 부분이 있다. 상대방의 얼굴을 보면서는 절대 할 수 없는 이야기도 온택트에서는 가능한 경우가 많다. 온라인상에 달리는 악플이 대표적이다. 너무 심한, 악의적인 악플들이 너무 많다. 오죽하면 악플에 상처받고 극단적인 선택을 하는 사람들이 있을까.

반대로 진솔한 이야기도 온택트 세상에서는 더 쉽게 할 수도 있다. 물론 자신을 더 포장하고 꾸며서 보여주고 싶어 하는 사람들이 더 많다. 하지만 서로 얼굴을 볼 수 없기에 자기의 부족한 부분도, 아픈 상처도 담담하게 보여 줄 용기를 내게 만드는 공간이 온택트 세상이기도 하다.

서로 볼 수 없기에 온택트에서의 말하기는 더욱 진솔해야 한다. 저마다 자기 이야기를 들어달라고 아우성치는 온택트 세상에서 진솔한 이야기만큼 사람들의 마음을 무장 해제시키고, 귀를 기울이게 만드는 이야기도 드무니까.

나도 하는데,
당신이라고 왜 못하겠어?

얼마 전 지인에게 요즘 재테크와 관련해 볼만한 유튜브 채널이 있느냐고 물었더니 '신사임당'이라는 채널을 소개해주었다. 구독자가 129만 명(2021년 1월 29일 기준)이 넘는 아주 핫한 채널이라고.

설레는 마음으로 지인이 알려준 채널에 접속했다. 우선 제목이 상당히 남다르다. 단순하고 반복적인 일상에서 돈에 관한 한 도저히 돌파구를 찾을 수 없는 사람들에게 '어 이건 뭐지?' 하는 호기심을 자극하기에 충분하다.

- 장사가 안 될 때 해야 할 일
- 매달 천만 원을 만드는 가장 현실적인 방법
- 가난에서 탈출하는 방법

- 1억만 모으면 인생이 바뀌는 이유(1억 원을 모으고 나면 그다음 월급부터는 다 써도 된다.)
- 59세 은퇴하고 시작한 쇼핑 몰, 월 1억씩 팔고 있습니다
- 천천히 부자 되는 단단하지만 평범한 공식

보기만 해도 궁금증이 증폭되는 제목들이다. 일단 호기심을 끄는 데는 성공했다. 한껏 기대감에 부풀어 동영상을 보기 시작했는데, 첫 1분은 너무나 단순해서 실망감을 줬다. 지금까지 현란한 동영상에 익숙해져서일까? 이 유튜버의 영상들은 사람들의 시선을 끌 만한 아무런 장치도 없다. 심지어 자막 플레이도 하지 않는다. 오로지 유튜버 혼자 혹은 게스트와 같이 카메라 앞에서 정면 딱 하나의 구도만으로 말만 할 뿐이다.

말투도 차분하다. 다 그런 것은 아니지만 쇼호스트나 잘 나가는 유튜버들은 높은 톤으로 이야기하거나 차분하게 이야기하다가도 중요한 이야기는 목소리를 높이는 경우가 많다. 강약조절을 통해 자신이 전달하고 싶은 내용을 더 강조하기 위한 화법이다. 하지만 이 유튜버는 말하는 톤이 비교적 일정하고, 시종일관 차분하게 이야기할 뿐이다. 심지어 잘 웃지도 않고 덤덤하게 말한다.

'뭐지? 까딱하면 보다 졸겠는데?'

너무 차분한 말투로 담담하게 이야기하니 이런 생각까지 들었다. 하지만 동영상을 보면서 자칫 졸릴 것 같은 말투임에도 점점 몰입해서 보는 나 자신을 발견했다. 영상의 길이가 15분은 기본이고 20분이 넘는 영상들도 수두룩한데, 결코 지루하지가 않았다. 순식간에 10여 개의 동영상을 보는 동안 그 유튜버의 소통방식에 어떤 일관성이 있음을 확인했다.

홈쇼핑에서 건강기능식품을 방송할 때, 늘 빼놓지 않고 말하는 내용이 있다. 이 건강기능식품을 먹고서 단번에 모든 것이 바뀌지는 않는다는 얘기다.

"정말 내가 원하는 모습으로 바뀌고 싶으시죠? 그럼 이 상품만 먹는다고 100% 바뀌는 건 아닙니다. 그리고 하루아침에 되는 건 더더욱 아니에요. 고객님도 이 상품과 함께 꾸준하게 운동하셔야 합니다. 그것만 할 수 있다면 내가 상상하는 것보다 훨씬 더 멋진 모습으로 변신할 수 있어요. 그때 이게 결정적으로 그 변신을 도와드립니다. 지금부터 시작하세요."

이런 식의 말이다. 흔히 사람들은 '이거 하나로 모든 것이 완성', '이것만 있으면 100% 가능', '이것만 하면 단번에 변신 가능' 이런 메시지를 좋아한다고 생각한다. 물론 사람들은 이런 메시지에도 '혹' 한다. 하지만 모두가 그럴까? 아니다. 거짓말은 아니라도 과장된 말임은 분명하다. 그래서 믿고 사는 사람들도 있지만 이성을 가동시켜 충동을 억누르는 사람들도 많다.

 사람들은 대부분 100% 확실한 것보다는 50% 정도 가능성이 보일 때 흥미를 갖고 강한 도전 본능을 발휘한다. 사실 100% 확실한 것은 존재하지도 않는다. 재테크에서 '이것에 투자하면 100% 수익을 본다'고 장담한다면 사기일 가능성이 더 크다. 그래서 성공할 가능성이 50%일 때 더 신뢰가 가고, '오 할 만하겠는데?', '저 정도면 나도 할 수 있겠다'는 생각이 들기 마련이다.

 129만 명의 구독자를 자랑하는 이 유튜버는 '할 수 있다'고 말하면서도 언제나 단서를 붙인다. 돈을 번다는 게, 창업을 해서 성공한다는 게 얼마나 어려운 일인가? 그런데 그 어려운 것을 이 사람은 어렵지 않게, 쉽게 얘기한다.

단 저절로 단숨에 되는 일은 없다는 것을 전제로 하고서 말이다. 월 1천만 원을 버는 방법을 얘기하는데 어렵지 않다고, 쉽다고 단언한다. 그러면서 처음부터 그런 고수익을 기대하지는 말라고 잘라 말한다. 대신 이런 메시지를 구독자에게 끊임없이 전달한다.

> "실패한다 하더라도 다시 일어날 돈과 멘탈만 있으면 된다."
> "언제든 다시 시작할 수 있는 토대만 있으면 된다."
> "돈 버는 것이 특별한 것이 아니라는 것. 이것부터 먼저 깨달아야 한다. 이걸 알아야 돈을 벌 수 있다."
> "평범이 쌓여서 비범이 된다. 그 평범한 것들을 놓치지만 않으면 된다."

그가 말하는 메시지 하나하나가 결국엔 돈 버는 방법은 무에서 유를 창조하는 것이 아니라는 것이다. 이미 내가 알고 있는 유가 있다. 그것을 어떻게 활용하느냐에 따라 또 다른 성공으로 가는 유를 만들어 내느냐, 아니면 계속 실패하느냐가 달려 있다는 것이다. 결국 동영상을 보는 나 자신에게 성공의 열쇠가 있다고 강조한다.

이 모든 이야기를 한결같이 차분한 말투로 담담하게 말하지만 그의 말에는 강한 에너지가 있다. 그리고 두려움이 없고 자신감이 넘친다. 숨기거나 과장하는 것 없이 평범한 샐러리

맨이었던 그가, 야근을 밥 먹듯이 해도 월 300만 원을 겨우 벌었던 그가 어떻게 월 1천만 원 이상을 벌게 되었는지 진정성 있게 말한다. 그가 시종일관 구독자에게 전달하는 메시지는 결국 동일하다.

> "성공하고 싶은가? 지금의 처지를 깨고 화려한 백조로 다시 태어나고 싶은가? 그렇다면 100%는 없다. 다만 50%는 보여줄 수 있다. 내가 장담한다. 나머지 50%는 당신의 몫이다. 나도 하는데 당신이라고 왜 못하겠어?"

이렇게 그는 사람들에게 나도 할 수 있다는 용기와 자신감을 불어 넣어준다. 자기계발서에서 보이는 흔한 수박 겉핥기 식의, 자기 만족식의 용기와 자신감이 아니다. '응 이 정도면 나도 할 수 있겠는데', '충분히 도전할 만해'라는 구체적인 마음을 심어주게 하는 자신감과 용기인 것이다. 이런 진정성 있는 메시지가 통했기 때문에 그렇게 단순하고 다소 성의 없는 화면 구성에도 많은 사람들의 사랑을 받고 있는 것이리라.

지금은 돈과 관련해서 많은 성공을 거둔 다방면의 사람들을 초대해서 대담형식으로 그들의 성공 스토리를 펼쳐 놓는 방식으로 동영상을 제작한다. 여전히 화면은 단순하기 그지없고, 역시 자막 플레이도 하지 않는다. 그런데도 여전히 뜨거운 인기를 얻고 있다. 그 이유 역시 같다. 출연하는 게스트들 역시도 성공의 내용은 각자 다르지만 전달하고자 하는 주 메시지는 하나다.

"당신도 하면 된다. 나를 봐라. 나 같은 사람도 이렇게 이뤄냈다."

이 유튜버에게 배울만한 또 다른 습관이 있다. 게스트의 말을 정성스럽게 바로 옆에서 받아 적는다는 것이다. 내 말을 바로 옆에서 받아 적은 사람이 있다? 누구든지 감동하게 된다. 그리고 내가 준비했던 것 이상을 더 쏟아 붓게 마련이다. 또한 받아 적은 모습을 보면, 그것을 보는 사람들에게도 상당한 자극이 된다. '아 나도 따라서 적어야겠다'는 생각이 절로 든다.

상대방의 말을 받아 적는 것만큼 경청하고 있음을 시각적으로 보여주는 것이 또 있을까? 단순하고 밋밋한 화면 구성과 단조로운 말투지만 진정성 있는 메시지를 전달하고, 경청할 줄 아는 그는 그야말로 온택트 시대에서 제대로 소통할 줄 아는 고수가 아닐까 싶다.

끝내기 홈런,
버저비터가 짜릿한 이유

스포츠 경기에서 가장 짜릿한 승부는 막판에 승패가 뒤집히는 경기다. 야구로 치면 끝내기 홈런이고, 농구로 치면 0.1초가 남은 상황에서 버저비터로 극적인 승리와 통한의 패배가 교차하는 순간이다. 축구는 당연히 추가시간에 터진 골로 경기가 끝나는 바로 그 순간 스포츠팬들은 열광하고 오래오래 그 순간을 기억한다.

막판에 경기가 뒤집혔다는 것은 극적인 변화가 일어났다는 얘기다. 사람들은 이런 예상치 못한 변화에 열광한다. 그리고 모든 사람들이 아무도 생각하지 못했던 변화의 주인공이 되길 원한다.

주변 사람들과 대화를 할 때에도 '변화', '변신'에 대한 궁금증은 늘 깔려있다.

"어 오랜 만이네 별 일 없었어?(그간 무슨 기분 좋은 변화가 있었니?)"

"어 얼굴이 좋아졌네?"

"살이 많이 빠진 것 같다?"

실제로 무슨 변화가 있었는가를 묻는 의미도 있겠지만 특별히 할 말이 없이 안부를 물을 때도 '변화'가 주제다. 변화에 관심이 많다는 것은 그만큼 우리가 평소에 느끼지 못할 뿐이지 '변화'에 상당히 목말라 있고, '변화' 혹은 '변신'의 주인공이 되고 싶어 한다는 것을 의미한다.

이렇게 변신을 계속해서 사람들에게 자극하는 곳이 바로 TV홈쇼핑 채널이다. 홈쇼핑에서 소개하는 모든 유형의 상품의 밑바탕엔 '변신', '변화'의 코드가 깔려 있다. 이미용품이나 패션 상품은 말할 것도 없이 변신이 메인 콘셉트이다. 상품 설명을 자세하고 친절하게 한다고 하지만, 결국엔 '화려한 변신'으로 귀결된다. 이런 메시지가 시청자에게 제대로 전달된다면 소위 말하는 대박이 터진다.

가전제품이나 건강기능식품도 마찬가지다. '이 청소기로 청소를 하면 지금까지 봐왔던 집안의 모습이 몰라보게 깨끗해집니다' 혹은 '이 건강기능식품을 먹으면 내가 생각했던, 꿈꿔왔던 건강과 젊음이 내게로 올 수 있습니다'와 같이 변화와 변신을 강조하고, 사람들은 지갑을 열게 된다.

이처럼 사람들은 변화에 대한 욕망이 항상 가득 차 있기 때문에 나 자신 뿐만 아니라 다른 사람들의 변화에도 항상 신경을 곤두세우며 관심을 갖는다. '누가 어느 회사 주식을 사서 대박이 났다더라', '누가 로또에 당첨됐다더라', '누가 어디서 시술을 받았는데 엄청 예뻐졌다더라', '누가 회사에서 줄을 잘 서서 고속 승진했다더라' 이런 얘기에 관심이 없는 사람은 없다. 이것 역시 내면에는 변화와 변신의 이야기가 깔려있다.

변화와 변신 코드는 온택트 세상에서도 여전히 유효하다. 유튜버와 관련한 흥미로운 기사를 인터넷에서 본 적이 있다. 요즘 뜨고 있는 유튜버 10명에 대한 인터뷰 기사[2]인데, 그 중 몇 분의 사연만 소개하면 다음과 같다.

> '한때 전자제품 판매사원으로 7년 동안 근무하다가 현재는 전업 유튜버로 프리랜서의 길을 걷고 있다. 그렇게 큰 준비 없이 유튜브에 뛰어들어 이것저것 촬영하고, 편집하고, 업로드하면서 제2의 인생을 살아가고 있다.'

> '영상 콘텐츠를 원하는 시대의 흐름에 따라 2017년 말 육군 소령으로 전역을 한 후, 2018년부터 본격적으로 유튜버의 길을 걷고 있다. 영상 콘텐츠를 만들면서 아무리 몸이 힘들어도 가슴속이 뜨거워짐을 느끼고 있다.'

---

[2] 요즘 뜨는 IT유튜버 10인을 직접 만났다! 2019.10.10 앱스토리 안혜선 기자

'두 아이를 키우면서 유튜브를 시작한 지 17개월째다. 첫아이를 갖게 된 시점에 하던 일을 그만뒀고, 둘째 아이를 출산한 후 한 달 만에 유튜브를 시작해 그렇게 IT 유튜버가 되었다. 일명 '경단녀'의 생활을 꽤 오래 했던 터라 일에 대한 갈망이 컸다. 내게 있어서 유튜브는 '재미있어서 하는 일'이다. 관심 분야인 IT와 좋아하는 일, 두 가지를 모두 할 수 있으니 말이다.'

'그동안 블로그 등을 통해 10년이 넘도록 활동을 하면서 스스로 고인물처럼 매너리즘에 빠져 독창성을 잃어가는 듯한 모습에 실망해 새로운 도전을 해보고 싶었고, 유튜브를 그 돌파구로 선택하게 되었다.'

'유튜브를 시작하기 전에는 영어, 중국어 등의 외국어를 가르치는 일을 했었다. 그리고 그 일에 염증을 느끼게 될 즈음, 유튜브라는 새로운 기회를 발견해 인생 2막을 시작했다.'

사연은 제각각 달라도 공통된 키워드가 보인다. 바로 '변신'의 코드이다. 기사에 소개된 이들은 모두 지금까지 그들을 단단히 묶었던 환경을 과감히 거부하고 새로운 길을 걷고 있는 사람들이다. 여기에 사람들은 환호하고 박수를 보낸다.

이쯤 되면 어떤 이야기가 사람들의 관심을 끌고 집중해서 듣게 만드는지 짐작했을 것이다. 과감한 선택-변신-화려한 성공의 등식은 우리 모두가 간절히 원하는 라이프 스토리이다. 그만큼 변화와 변신은 시대를 막론하고, 남녀불문 모두를 궁금하게 만드는 이야기 코드이다. 물론 온택트 세상에서도 마찬가지이다.

어떤 이야기를 하든 이야기 안에 변화와 변신 스토리를 개발해서 녹이는 노력을 해야 한다. 그 변신이 극적일수록, 그리고 그 변화의 이야기가 사람들의 상식 밖을 벗어나면 벗어날수록 사람들은 더 크게 반응할 것이다. 모든 사람은 못생긴 오리에서 화려한 백조로 다시 태어나는 극적인 변화스토리를 갈망하고 열광하기 때문이다.

Part. 03

눈과 귀를 동시에 자극해야 잘 전달된다

살아가는 기술이란 하나의 공격 목표를 골라 그곳에 힘을
집중시키는 일이다.

― 앙드레 모로아

말만으로는
부족하다

사람이 쇼핑을 하든 책을 읽든 어딘가에 집중할 수 있는 최대 시간은 25분 정도라고 한다. 그 시간이 지나면 자연스럽게 집중력이 흐려지고 다른 것들이 생각나기 마련이다. 25분도 본인이 스스로 움직여서 집중하는 시간을 의미한다. 강의, 수업 등 누군가의 말을 들을 때 집중할 수 있는 시간은 25분보다 현저히 줄어든다. 능동적으로 내가 좋아서 움직이는 것이 아니라 피동형이 되기 때문이다.

누군가의 말이나 설명을 들을 때, 최대한 집중할 수 있는 시간이 어느 정도일까? 상대방의 말이 얼마나 흥미롭고 설득력이 있느냐와 개인차에 따라 다르겠지만 별로 관심 없는 이야기라면 내 경험상 최대 5분 이상을 버티기가 어려웠다. 흥미로운 주제라도 일방적으로 이야기를 듣는 건 대개 10분이 고비였다.

그래서 나는 유튜브 동영상을 둘러볼 때 아무리 관심이 있는 주제이고, 자극적이고 흥미를 끄는 제목이라 할지라도 자연스럽게 시간이 얼마나 되는지부터 본다. 10분이 넘어가는 동영상이라면, 일단 보류하고 다른 것부터 클릭한다. 관심사에 따라 다르겠지만 무엇이든 지켜보는 데 10분 이상의 시간이 필요한 동영상은 쉽게 클릭하기 어렵다.

TV홈쇼핑에서도 마찬가지다. 쇼호스트가 상품에 대해 설명할 때 걸리는 시간은 약 10분 내외다. 어떤 상품이든 마찬가지다. 10분이 넘어가면 시청자는 지루해한다. 혹 연예인이나 인지도가 높은 유명인이 나와서 20분 이상 상품에 대해 설명하는 경우가 종종 있지만, 이런 건 극히 예외에 속한다. 더구나 성격 급한 걸로 따지면 전 세계에서 2등도 서러운 민족이 아닌가? 빨리 요점만 설명하고 빨리 결론을 봐야 하는 우리 정서상 어떤 주제에 대해 10분 이상 설명하고 또 설득한다는 것은 만용에 가까운 행동이다.

여기에 또 하나. 어떤 쇼호스트든 혼자서 상품을 말만으로 설명하는 경우는 절대로 없다. 피켓을 들어서 상품에 대해 요점정리를 하든, 자막을 넣어서 상품에 대해 부연 설명을 하든, 상품 관련 영상을 보여주든, 말 이외에 여러 가지 보여줄 것들을 제시하면서 시청자의 눈과 귀를 붙잡기 위해 많은 시도와 노력을 한다. 결국 시청자의 눈과 귀를 붙잡으려면 시청자의 눈과 귀를 끊임없이 자극해 줘야 한다. 계속해서 이런저런 볼거리를 제공해야만 자연스럽게 나의 말에 집중할 수 있다는 얘기다.

커뮤니케이션에서도 여기에 적합한 이론이 있다. 바로 '이중 부호화 이론'이라는 것이다. 이중 부호화 이론에 따르면 학습자의 작동기억에서 언어정보와 시각정보는 서로 다른 과정을 거쳐 처리된다. 언어정보는 시각적 정보를 회상시킬 수 있고, 시각정보는 언어정보를 불러일으킬 수 있다.[3] 즉, 독립적인 두 채널을 통해 정보를 처리하면서 서로 다르게 부호화된 정보들 중 한 가지만 떠올린다 하더라도 다른 한 가지의 정보를 쉽게 떠올릴 수 있는 것이다. 따라서 언어정보와 시각정보를 별도로 제시하는 것보다 함께 제시하는 것이 더 효과적이라는 이론이다.

확실히 말로만 설명하는 것보다는 주제와 관련한 시각적인 자료를 제시하면서 설명하면 듣는 사람은 더욱 쉽게 내용을 잘 이해하고, 오래 기억할 수 있다. '빨간 사과'를 예로 들어보자. 빨간 사과를 그냥 말로만 '빨갛다'고 설명할 때와 아예 실제로 '빨간 사과'를 눈으로 보여주면서 설명할 때 어떤 게 더 이해하기 쉬울까? 두말할 것도 없이 말과 함께 이미지를 보여주었을 때 더 빨리 이해하고 오래 기억할 수 있다.

---

3 Mayer and Valerie K. Sims, 1994

인기 유튜버 중에서도 '이중 부호화 이론'을 아주 자연스럽고 드라마틱하게 이용하는 사람이 있다. 이미 이미용, 피부관리 분야에서 상당한 구독자를 확보하고 있는 유튜버로 뷰티 유튜버답게 이목구비도 또렷하고 피부도 아주 깨끗하다. 그런데다 발음이 아나운서만큼이나 차분하고 정확하다. 설명도 군더더기 없이 깔끔하다. 지나치게 많은 부연 설명을 하지 않고, 깔끔하게 주제만을 차분하게 전달해 더욱 신뢰가 가는 유튜버이다. 그녀의 채널은 그녀 이름을 딴 'UNA유나'인데, 2021년 1월 29일 기준으로 구독자가 80만 2천 명에 이른다.

조근조근 차분하게 설명하는 것만으로도 충분히 사랑을 받을 수 있을 것 같은데, 어느 날 그녀는 갑자기 남자친구를 등장시켰다. 유튜브 방송의 장점이자 단점이 혼자서 방송을 진행하는 것이다. 혼자서 일방적으로 어떤 주제에 대해 얘기하면 듣는 사람 입장에서는 상당히 지루할 수 있다.

물론 어떤 사람이 등장함으로써 그것만으로도 시각적인 자극을 줄 수 있지만 계속 눈길을 사로잡기란 쉬운 일이 아니다. 개인 유튜버나 온라인 강의를 하는 경우 특히 더 그렇다. 전문 방송 장비를 갖춘 것이 아니니 거의 똑같은 카메라 각도에서 영상을 찍을 수밖에 없다. 그런 단조로운 영상에서 이야기를 하는 것이라면 어지간히 충격적이고 자극적인 내용이 아니고서는 시청자의 눈과 귀를 오래 붙잡아놓기 어렵다.

이런 한계를 파악한 것인지 그녀는 '율피팩'이라고 하는 다소 생소한 아이템을 소개하면서, 혼자 진행하며 팩을 하는 것을 피하고 남자친구와 같이 팩을 하는 연출을 시도했다. 이런 방송 진행의 장점은 우선 '남자친구'라는 존재의 등장만으로도 일단 시선을 붙잡을 수 있다는 것이다. 심지어 얼굴도 잘 생겼다. 확실한 시각적 효과를 연출한 셈이다.

처음에는 남자친구가 진행자의 말에 따라서 이런저런 우스갯소리를 하면서 팩을 하고 사라질 것으로 생각했다. 하지만 내 생각은 빗나갔다. 남자친구는 시선을 붙잡는 역할을 넘어서 시청자의 궁금증을 해소해주면서 율피팩의 장점을 너무나 자연스럽고 훌륭하게 부각하는 역할을 했다.

우선, 두 사람이 '율피팩'에 대해 얘기한다. 여자가 남자친구에게 묻는다.

"율피가 뭔지는 알아?"

"그럼 율피가 어디에 좋은지는 알고 있어?"

혼자서 카메라를 보며 이런 이야기를 했다면 아마도 시작부터 지루했을 수도 있는데, 세상 순박한 눈빛의 남자친구와 대화하는 형식을 통해 율피팩과 장점을 자연스럽게 부각시킨다. 그러면서 두 사람이 다정하게 팩을 하는데 여기서 결정적으로 남자친구의 역할이 두드러진다. 팩을 하면서 여자친구에게 질문하는데, 질문의 내용이 동영상을 보는 사람들이 궁금해할 만한 것들이다. 자연스럽고 천진난만한 얼굴로 시청자를 대신해서 반드시 알아야 할 질문들을 여자친구에게 쏟아낸다.

"왜 이렇게 부드럽지? 약간 머드팩 같은 느낌인데?"

"(팩을 다 한 후)언제 씻어?"

"(씻으면서) 작네. 입자가……?"

"(팩하고 나서)그냥 기초 바르면 되나?"

"(율피팩을)일주일에 몇 번 하라고 그랬지?"

"다른 주의 사항은 없나?"

남자친구의 장난 어린 질문에 진행자는 다정한 미소를 띠면서 본인의 다양한 지식을 총 동원해 차분하게 군더더기 없이 설명한다. 시청자가 궁금해할 만한 얘기들을 너무나 자연스러운 흐름으로 전달하는 것이다. 이런 이야기들을 혼자 질문하고 답하려면 아무리 언변이 뛰어난 사람이라 할지라도 힘에 부친다. 그리고 그 이전에 지루할 수 있다. 이런 단점들을 '남자친구와 같이 팩 하기'라는 낭만적인 구성을 통해서 '율피팩'의 핵심을 자연스럽고 부드럽게 전달했다. 더구나 팩을 한 남자친구의 한마디 한마디가 시청자의 가슴을 울렁이게 하면서 '아 이런 게 있었구나! 나도 당장 해봐야겠다'는 강한 자극을 준다.

"박혀 있는 게 빠진 것 같아."
"그런데도 자극적이지 않지? 따끔거리거나 이런 거 없지?"
"깨끗하게 세안 잘한 느낌이야."

방송을 이끌어가면서 정보를 전달한 것은 그녀이지만 이 동영상에서 에이스 역할을 한 것은 분명히 '남자친구'였다. 시청자의 시선을 붙잡았고, 시청자가 궁금해하는 것을 대신 물어봤고, '율피팩'의 비포/ 애프터를 본인의 얼굴로, 본인의 느낌으로 드라마틱하게 전달하고 표현했기 때문이다.

내가 이야기하고자 하는 주제가 무엇인지는 매우 중요하다. 그런데 그 중요한 주제가 본 교재라면 그 주제를 무엇으로, 어떤 부교재를 이용해서 표현해야 할까를 고민하는 것은 더더욱 중요할 수 있다.

부교재는 말을 더욱 설득력 있게, 흥미롭게 만들어줄 시각적인 요소가 효과적이다. 뷰티 유튜버처럼 남자친구를 부교재로 활용해도 좋고, TV홈쇼핑에서 많이 애용하는 자막이나 핵심요약 정리를 시각화한 것도 좋다. 이런 부교재 없이 시종일관 똑같은 카메라 각도에서 같은 사람이 이야기만 늘어놓는다면 5분을 채 넘기지 못하고 지루해 자리를 뜰 것이다.

온택트 시대에서는 눈과 귀를 동시에 자극할 수 있는 화법이 더욱 중요하다. 말을 어떻게 잘 전달하는가도 중요하지만 눈으로도 말을 볼 수 있게 하면 훨씬 더 사람들의 눈과 귀를 사로잡을 수 있기 때문이다. 말만 하지 말고, 눈으로도 말을 보여줄 수 있는 방법을 더 많이 연구하고 시도해봐야 하는 시대이다.

Before & After는
힘이 세다

TV홈쇼핑에서만 사용하는 전문(?)용어 중에 'B&A'라는 것이 있다. 바로 'Before & After'의 약자인데, TV홈쇼핑, 특히 이미용 상품을 소개할 때 아주 중요한 설득 포인트가 된다.

"이걸 바르면 더 예뻐져요!"
"잠깐 발랐는데 피부가 달라졌어요~"

얘기해 봐야 믿을 사람은 별로 없다. 어디 한두 번 속았겠나. 그래서 어떤 상품을 소개하든 말로 그 상품의 효과나 효능을 설명하는 데는 한계가 있기 마련이다. 특히나 이미용 상품이라면 일단은 더 예뻐져야 하고, 더 화사해져야 하고, 더 뽀얗게 변하는 모습을 보여줘야 시청자들이 안심하고 구매한다.

B&A에 약간의 과장이 섞이긴 하지만 비포에서 애프터로 가는 변신의 과정이 극적일수록 효과는 커질 수밖에 없다. 그래서 대부분의 이미용 상품에서는 전가의 보도처럼 활용하는 것이 Before & After를 보여주는 것이다. 눈으로 직접 확인이 가능하기 때문이다. 다시 말해서 실제로 보여주고, 그것을 확인한 후에야 사람들의 마음은 비로소 움직인다는 말이다.

요즘에는 TV홈쇼핑에서만 B&A를 활용하지 않는다. 유튜버나 아프리카TV 등에서 개인방송을 하는 분들도 B&A를 많이 활용한다. 특히 이미용을 주제로 하는 개인방송에서는 B&A를 극대화시켜 인기를 끄는 예가 많다.

자신만이 갖고 있는 메이크업 노하우로 582만 명의 구독자를 확보하고 있는 유튜버가 있다(PONY Syndrome 채널, 2021년 1월 29일 기준). 그 유튜버에 대한 소문은 내 귀에까지 들어와 동영상을 찾아보았다. 주제가 뚜렷하다 보니 백여 가지의 동영상도 대부분 내용이 비슷해 보였다. 그 중에서 조회 수가 백만이 넘는 동영상을 찾아보았는데…… 세상에 5분 41초 동안 말 한마디 없이 그냥 메이크업만 하는 것이 아닌가? 그럼에도 불구하고 그 어떤 동영상보다도 큰 충격을 받았다.

그 이유는? 너무나도 확실히 구별되는 비포 메이크업과 애프터 메이크업의 차이 때문이다. 충분히 맨 얼굴로도 훌륭한 미모를 자랑하는 그 유튜버는 그녀만의 메이크업 방식으로 완전히 다른 사람으로 태어난다. 안 그래도 훌륭한 미모가 더 상상도 못한 여신 급으로 재탄생한 것이다. 물론 메이크업 과정 중에 편집이 들어가서 시간을 단축했을 수도 있겠지만 말 한마디 없이, 보여주는 것만으로도 거의 완벽하게 사람들을 사로잡는다.

백만 번을 얘기하고 떠들어 대는 것보다 단 한번 확실하게 보여줄 수 있다면, 그것만큼 효과적인 커뮤니케이션은 없다. 그녀의 화법이나 스피치 스킬은 그리 훌륭하다고는 볼 수 없다. 아직 목에서 맴도는 발성도 뚜렷하지 않고, 발음도 완성 단계는 아니다. 그리고 '너무', '되게', '굉장히' 등과 같은 부사어를 반복 사용하는 말버릇 때문에 다소 단조로운 느낌도 있다. 말로 하는 전달력은 그리 훌륭하지는 않다.

하지만 누구도 따라오지 못하고, 그 어떤 것보다 확실한 커뮤니케이션 능력을 갖고 있는데 무엇이 걱정이랴. '이렇게만 하면 예뻐진다. 나처럼 하면 완전히 다른 사람으로 변신하는 메이크업이 이거다'를 스스로 보여주고 증명하고 있기 때문이다.

어쩌면 메이크업은 여성에게 만국 공통어나 다름없다는 생각이 든다. 누구나 여성이라면(요즘은 남성도 메이크업에 신경을 많이 쓰고 또 많이 하고 있다) 메이크업을 하는 장면을 보기만 해도 다 알아듣고 이해할 수 있기 때문이다. 그래서 그녀의 동영상에는 말 한마디, 심지어 영어 단어는 하나도 없는데 외국인들의 댓글이 엄청나다.

이렇게 '직접 보여주기'로 200만 명이 넘는 구독자를 확보하고 있는 또 다른 유튜버가 있다(2021년 1월 29일 기준, 204만 명). 진용진 씨로 채널 이름도 '진용진'인데, 동영상 말미에 나오는 그의 기획 의도가 아주 재미있다.

'평소에 궁금하셨지만, 내가 알아보긴 그렇고 시간 쓰고 싶지 않은 궁금증을 댓글이나 밑에 주소로 보내주시면 그 궁금증 제가 해결해 드리겠습니다.'

폭발적인 조회 수를 기록하고 있는 동영상들의 제목만 봐도 저절로 손이 간다.

- 〈우리 아이가 달라졌어요〉 출연했던 출연자들은 정말 달라졌을까?
- 정수기에 콜라를 넣으면 정말 깨끗한 물이 나올까?
- 택시 타고 아무 곳이나 가 달라고 하면 정말 어디로 갈까?
- TV에 나오는 최면, 전생체험 과연 진짜일까?

평소에는 생각하지도 않았는데, 일단 제목을 보고 나니 미치도록 보고 싶고, 확인하고 싶다. 클릭해서 결과를 직접 확인하지 않고서는 그것이 궁금해서 하루 일과가 괴로울 정도다. 이것이 바로 '보여주기'의 힘이다.

'백문이 불여일견'이라는 말이 괜히 나온 것이 아니다. 확실하게 보여줄 수 있다면 최고의 커뮤니케이션 수단이 된다. 유튜버를 꿈꾸지만 말이 서툴다며 도움을 청하는 사람들이 간혹 있는데, 만약 무엇이든 사람들이 흥미를 끌만한 것을 확실히 보여줄 수 있다면 걱정할 것이 없다.

실제로 폭발적인 인기몰이를 하는 동영상 중 먹방 유튜버가 차지하는 비중이 꽤 크다. 개인적으로는 먹방에 큰 관심이 없지만 그저 별 말도 없이 각자의 방식으로 맛있게, 많이 먹는

모습을 보여주는 것만으로도 수많은 구독자를 확보하는 것을 보면 '보여주기'가 얼마나 중요한지 새삼 확인한다.

생각해보면 사람들의 시선을 붙잡을 수 있는 '보여주기'는 무궁무진하다. 다이어트를 하는 과정을 보여주는 것도 흥미를 끌 것 같다. 만약 '제가 이제부터 하루에 200g씩 살을 빼는 것을 직접 보여드리겠습니다'라고 말하고 자신의 몸무게를 보여준 다음, 말 한마디 없이 운동하고, 마지막에 200g를 뺀 몸무게를 보여준다. 그리고 그 다음 날도, 다음 날도 계속 반복해서 한 달을 한다고 생각해 보자. 성공할 수만 있다면, 확실하게 보여줄 수 있는 노력만 뒷받침 된다면 말 한마디 없이도 얼마든지 유튜브 세계에서 존재감을 과시할 수 있다고 판단한다. 반대로 너무 말라 걱정인 사람이 살을 찌우는 모습을 보여주어도 재미있을 것 같다.

'보여주기'의 힘은 언제나 위대하다. TV홈쇼핑에서 화장품 같은 이미용 상품 외에 눈으로 보여줘서, 눈으로 직접 확인할 수 있어서 상상을 초월한 대 히트를 기록한 상품이 있다. 바로 '크릴'이다.

대부분 '크릴'이라고 하면 새우의 일종이라고만 알고 있을 때의 일이다. 실제로 크릴은 새우와 생김새가 많이 닮았는데 그런 크릴을 홈쇼핑에서 처음 선보였다. 우선 극한의 남극 바다에서 200일 동안 먹이 없이 생존 가능한 존재라는 얘기로 호기심을 이끌어 낸 후, 그런 상황에서 견딜 수 있는 크릴만의 영양소들을 공개한다. 그리고 나서 결정적인 장면을 보여준다.

비커에 물을 담고 거기에 약간의 식용유를 따른다. 당연히 식용유는 물 위에 둥둥 떠 있다. 바로 그 비커에 크릴 오일을 붓고 유리막대로 살살 저어주면 신기하게도 물과 기름이 같이 섞인다. 그 신기한 모습을 보여주면서 쇼호스트는 딱 한마디를 덧붙인다.

> "물과 기름을 섞이게 하는 주성분이 바로 인지질이라고 합니다. 크릴이 갖고 있는 핵심 성분이기도 하고요. 그런데 인지질은 세포를 보호하는 막의 주성분이고요. 뇌에는 인지질이 60%나 들어 있다고 합니다."

이걸로 모든 상황은 정리되고, 주문 콜은 미친 듯이 상승했다. 나중에 들은 얘기이긴 하지만 어떤 홈쇼핑 채널에서는 이 장면을 처음 보여주고 난 후 한 시간 동안 목표 대비 2,000%의 실적을 올렸다고 한다. 그 이후 한동안 대한민국은 크릴 광풍이 불었다고 해도 과언이 아닐 정도로 엄청난 인기를 끌었다. 왜 그럴까? 이것이 바로 눈으로 확인하는 것, '보여주기'의 힘이다.

누군가 나에게 "물하고 기름하고 섞이게 하는 게 있다. 인지질이라고 하는데, 크릴에 있어~ 그런데 그 인지질이 세포를 보호하는 막의 주성분이고. 뇌에는 인지질이 60%나 들어

있대"라고 말한다면 어떨까? "그래? 그런 게 있나 보네~"하고 넘어가기 쉽다. 일단 크릴도 생소하고 인지질이란 말도 친근하지 않다. 그냥 관심 밖의 얘기로 넘어가기 쉬운 얘기가 된다. 당연히 기억하기도 어렵다.

하지만 물과 기름이 섞이는 장면을 직접 목격한다면 얘기가 달라진다. 너무나 당연하게 "이건 뭐야?"라는 반응이 나올 테고, 그 다음 인지질에 대해서 얘기를 해 주면 귀에 쏙쏙 박히고 이해가 절로 된다. 그리고 그 다음 반응은? '이건 먹어야겠는데, 내 몸에 있는 지방도 씻어줬으면 좋겠다'가 아닐까?

여담이지만 방송 심의 위원회에서 홈쇼핑에서 물과 기름이 섞이는 장면을 보여준 후, '물과 기름을 섞이게 하는 인지질이 우리 몸에 들어가면 어떻게 되겠어요~'라는 식의 코멘트를 엄격하게 모니터 했었다. 절대로 몸과 관련지어서 어떤 말도 하지 말라는 뜻이고, 만약 이를 어기면 강하게 제재하겠다는 뜻이다.

하지만 굳이 말을 하지 않아도 사람들은 스스로 연상한다. 누가 시키지 않아도 저절로, 스스로 상상한다. 물과 기름이 섞이는 걸 눈으로 봤고, 직접 목격했기 때문에 무조건 인지질을 많이 보충해야겠다는 생각만 한다.

무언가 쇼킹하거나 뜻밖의 장면을 직접 보고 확인하면 사람들은 저절로 그 장면과 나와 관련한 모든 것들을 상상하는 놀라운 능력을 갖고 있다. 물하고 기름이 섞이는 걸 보고서 쌓이는 지방 때문에 고민스러운 본인의 몸을 떠올렸을 것이고, 전에는 안 그랬었던 것 같은데 자꾸 깜빡깜빡 하는 걱정스런 나의 건망증과 뇌 건강을 떠올렸을 것이다.

온택트 시대에는 무엇을 말할 것인가보다 무엇을 보여줄 것인가부터 고민해야 한다고 해도 과언이 아니다. 꼭 코로나 때문만은 아니다. 코로나가 온택트 상황을 가속화시키기는 했지만 이미 반갑지 않은 코로나가 찾아오기 전부터 수많은 개인들이 인터넷상에서 온택트 소통을 하고 있었다.

그냥 재미 삼아 온택트 소통을 할 수도 있지만 이왕이면 더 많은 사람들이 내 이야기를 들어주면 좋지 않을까? 그러려면 이야기를 들려주는 데만 집중하지 말고 보여주자. 나만 보여줄 수 있는 독특한 영상이면 금상첨화이겠지만 단지 보조적인 수단으로 보여주는 것이라도 괜찮다.

사람은 입은 옷
그대로의 사람이 된다

내가 주로 진행하는 상품 중에 '생식'이 있다. 워낙 건강에 대한 관심이 높고, 약이나 인공적인 건강기능식품보다는 자연 그대로를 먹고 싶어 하는 사람들의 욕구가 더해지면서 매출이 상당히 좋은 상품이다. 이 생식의 레시피를 직접 개발한 의학박사의 명언이 있는데 바로 '사람은 그 사람이 먹은 그대로의 사람이 된다'는 말이다.

대한민국 성인 기준으로 1주일 동안 마시는 커피가 12잔이라는 통계 자료가 있다. 쉽게 말해서 밥보다 커피를 더 마신다는 얘기다. 여기에 육류 섭취량은 전 세계에서 유래가 없을 정도로 빠르게 증가하고 있다. 그리고 우리는 아주 짜게 먹고 탄수화물을 좋아한다. 이런 상태에서 몸이 항상 푸르른 봄날처럼 산뜻하길 바라는 것 자체가 도둑 심보다.

먹는 게 이러니 당연히 컨디션이 항상 바닥이다. 몸에 병이 있는 것은 아닌데 입원해 있는 환자보다도 더 안색이 안 좋다. 이런 상태는 다른 사람보다 내가 더 잘 알고 있고, 잘못되었다는 것을 알면서도 이미 습관이 되어버린 식습관을 고치기가 쉽지 않다. 그래서 생식을 먹으면 몸에 쌓여 있는 노폐물이 배출되지 않을까 하는 희망이 뇌리를 스칠 때 들리는 서울대 출신 예방의학 박사의 카랑카랑한 한마디.

"사람은 그 사람이 먹은 그대로의 사람이 됩니다."

실제로 방송을 할 때마다 매번 박사의 인터뷰 화면이 나올 때부터 주문 콜이 상승하기 시작한다. 백 번 지당한 말이다. 몸에 좋은 것 먹으면 몸이 좋아지고, 입이 좋아하는 것 먹으면 몸이 망가진다. 아주 평범한 진리인데도 대부분의 사람들은 이 평범한 진리와는 상관없는 삶을 산다.

물론 몸에 좋은 음식을 소개하려는 것은 아니다. 사람이 먹은 그대로의 사람이 되는 것이 진리라면 또 하나의 평범한 진리가 있다. '사람은 입은 그대로의 사람이 된다'는 사실이다. '먹은 그대로의 사람이 된다'는 말에는 대부분 순응하지만 '내가 입은 옷이 곧 나'라는 말에는 반발하는 사람들이 있을 수 있다. 겉모습으로 사람을 평가해서는 안 된다고 생각하는 사람들이 있기 때문이다.

하지만 옷이 나를 규정하는 힘은 분명히 있다. 통일 이후의 혼란 상황을 그린 장강명의 소설 〈우리의 소원은 전쟁〉에는 옷이 얼마나 사람에게 큰 영향을 미치는지를 보여준다.

북한 김씨 정권의 몰락으로 갑작스럽게 통일을 하게 된 대한민국. 다른 여러 문제들보다 우선 북한 지역의 치안과 군사적 보호가 절실하다. 게임 기획자로 일하던 강민준은 느닷없이 재입영 통지를 받고 한 달간의 군사 교육을 받은 후 북한 개성공단으로 발령을 받는다. 남자에게 있어 두 번 입대한다는 사실은 두 번 죽는 것만큼이나 고통스러운 일인데, 그 일이 현실로 벌어지고 말았다. 더구나 남한의 입영 대상자들 사이에는 '무조건 남한에 배치되는 게 좋다며 있는 빽, 없는 빽 다 써야 한다'는 괴문서도 돌고 있다.

이런 와중에 공단이 밀집돼 있는 개성의 헌병대로 발령받은 강민준은 마음이 편할 수가 없다. 아예 산중이라면 북한의 극심한 추위만 견디면 되는데 일거리가 많은 공단지역은 가장 위험한 우범지대다. 하지만 어쩔 수 없는 일. 강민준은 어마어마한 소용돌이 한 가운데로 들어가게 된다.

다행히도 강민준은 아슬아슬하게 죽을 고비를 넘기면서도 평화유지군과 함께 장풍군의 마약 범죄 조직을 소탕하는 데 결정적인 역할을 한다. 치열한 소탕 작전 후 가벼운 부상을 입고 입원해 있는 강민준은 평화유지군 소속 미녀 대위 롱과 대화를 하는데 여기서 옷차림에 대한 결정적인 얘기가 시작된다.

"그런데, 나 뭐 하나 물어봐도 돼요?"

"뭐든지 물어보십시오, 대위님." 민준이 말했다.

"수류탄을 몸으로 덮을 생각은 어떻게 한 거에요?" 롱의 질문에 강민준은 한숨을 내쉬었다. 기대했던 내용이 아니었다.

"수류탄이 정말 제 바로 앞에 떨어졌거든요. 어차피 터지면 죽을 처지였습니다. 도망갈 곳도 없었고요. 이렇게 죽으나 저렇게 죽으나 마찬가지잖아요? 기왕이면 다른 장병들을 살리는 길을 택해야겠다고 생각했죠."

"정말요? 그 짧은 시간에 그걸 다 생각한 거에요?" 롱이 물었다.

"아니요." 강민준이 말했다. 롱이 웃음을 터뜨렸다. "그럼 뭐에요?"

"그냥 창피했거든요. 저는 장교이고, 주변에 있는 다른 사람들은 젊은 사병들이었어요. 장교 옷을 입고 이럴 때 도망쳐서는 안 된다고 생각했어요."

그는 이전까지 군복이나 계급장에 길바닥에 떨어진 낙엽만큼도 의미를 부여한 적이 없었다. 군인으로서의 책임감을 자각해 본 일도 없었다. 그런데도 결정적인 상황이 되자 그에 따라 행동했다. 타고난 개인주의자로서, 민준은 군인 정신, 충성심 같은 단어나 '군인은 군인답게, 학생은 학생답게' 따위의 구호에는 여전히 거부감을 느꼈다.

그러나 그런 강요된 의무감 없이 다시 수류탄 앞에 섰을 때 자신이 막연한 인류애와 냉철한 이성만으로 용기를 끌어낼 수 있을지는 솔직히 자신이 없었다. 강민준은 자신도 모르게 본래 자신의 모습과는 전혀 다른 사람이 됐다는 뜻이 된다. 더위를 막고 추위를 견디게 하고 피부를 보호하는 기능을 하는 옷이 본래의 역할을 넘어서 사람의 본질까지 바뀌게 한 것이다.

부분적인 평가가 전체 평가에 과도하게 영향을 미치는 심리 효과로 '후광 효과'가 있다. 깔끔하고 스마트한 옷차림은 분명 나를 보는 사람에게 긍정적인 후광 효과를 일으킬 수 있다. 그런데 그보다 먼저, 내가 선택한 옷차림 덕에 나 자신이 나도 모르게 긍정적으로 바뀔 수 있다는 사실을 간과해서는 안 되겠다.

흔히 대한민국 남자들이 예비군복을 입으면 다 '개'가 된다고 말한다. 평소에는 점잖고 멀쩡하던 사람이 말이다. 반대로 평소에는 자유분방했던 사람이 깔끔하게 떨어지는 정장을 입으면 행동거지가 조신해진다. 이처럼 어떤 옷을 입느냐에 따라 나의 행동이 달라지고, 그런 나의 모습은 분명히 다른 사람과 소통할 때도 영향을 미친다.

개인적으로는 온라인으로 온택트 소통을 해야 할 때는 더 옷차림에 신경 써야 한다고 생각한다. 유튜브를 비롯한 개인 방송을 준비할 때 어떤 콘텐츠를 어떻게 전달할 것인가는 많이 고민해도 '어떤 옷과 패션으로 나를 표현할 것인가?'를 고민하는 사람들은 아직까지 그리 많지 않은 것 같다. 하지만 옷과 패션은 나를 표현하는 이미지와 직결되기 때문에 신중하게 고려해야 한다.

기본적으로 상황과 이야기의 주제에 따라 옷차림을 달리하는 것이 맞다. 패션 이야기를 하면서 정작 자신의 패션은 엉망이라면 과연 그 사람이 하는 패션 이야기를 듣고 싶을까? 요리 방송을 하면서 보기에도 불편해 보이는 타이트한 정장을 입고 있다면 과연 보는 사람은 어떻게 반응할까? 조금씩 차이는 있겠지만 분명한 것은 옷이 주는 분위기로 인해 그 사람이 하는 말이 잘 들릴 수도, 들리지 않을 수도 있다는 것이다.

옷과 패션은 나를 단 한 장면으로 멋지게 표현할 수 있는 기회이기도 하다. 개인적으로는 될 수 있으면, 가장 화려하고 조금이라도 더 튀는 의상으로 본인을 표현했으면 좋겠다. 그런 의상으로 나를 무장하면, 그 화려함과 당당함은 그대로 자신감으로 이어진다. 그래서 더 멋진 콘텐츠를 제시할 가능성이 높아지고, 무엇보다 그 동영상을 보는 구독자들도 즐거워한다.

콘텐츠로 튀는 것도 중요하지만, 나를 표현하는 의상으로 더 튀어보자. 왜냐하면 나는 내가 입은 패션 그대로의 사람이 되니까. 지금부터라도 열 일 제쳐두고 의상 선택부터 신중하게, 하지만 적극적으로 고려한 후 결정해야 한다.

오버액션과
캐리커처의 공통점

정치인이나 연예인들의 캐리커처를 보면 그 사람 자체보다 더 그 사람답다고 생각할 때가 종종 있다. 그도 그럴 것이 그 사람의 생김새를 있는 그대로, 사실적으로 표현한 것이 아니라 일단 그 사람의 평균적인 외모 특징은 과감하게 생략하고 남들과 다른 그 사람만의 특징을 강하게 부각하거나 과장해 표현했기 때문이다.

그러니 단순하게 인물화나 초상화를 봤을 때 그냥 '음 정확하게 잘 그렸네', '비슷하긴 한데, 어딘가 좀 안 맞는 것 같은데?', '실제 얼굴보다 좀 못나게 그렸다', '실제보다 훨씬 예쁘네' 정도의 생김새 중심의 반응이 대부분이라면 캐리커처에 대한 반응은 좀 더 적극적이고 격하다. 회사에서도 동료가 퇴직하면 기념품으로 유명 작가가 그린 그 사람의 캐리커처를 선물하는데 항상 반응은 비슷했다. 생김새보다는 그 사람만의 아이덴티티 위주의 반응을 한다.

"와~ 정말 너보다 더 너 같아!"

이런 반응이 나오는 이유는 일단 직관적으로 그 사람만이 갖고 있는 외모적 특징을 의도적으로 강하게 과장해서 표현한 것부터 눈으로 들어오기 때문이 아닐까?

사람의 오감은 본능적으로 '과장'에 민감하게 반응한다. 오감 중에서도 가장 예민하고 발달한 감각이 시각이니만큼 시각이야 말로 '과장'이나 '부각'에 가장 예민하게 반응하고 바로 뇌에 각인시킨다.

이와 관련한 이론으로 '정점이동효과'라는 것이 있다. 이는 자극에 대한 반응이 적절할 때 자극이 강해지면 반응의 세기도 더 커지는 효과를 말한다. 캐리커처는 이런 정점이동효과를 외모에 적용해서 그 사람만의 독특한 차별화를 이루고 보는 이의 뇌리에 두고두고 기억에 남는 차별화를 이루는 것이라고 할 수 있다.

요즘 인기 있는 유튜브 동영상에서도 '정점이동효과'가 보인다. 보편적으로 봤을 때, 내용을 떠나서 정적으로, 무표정한 표정으로 무언가를 말하는 유튜버보다는 생기 넘치고, 뭐가 됐든 오버스럽게 말하고 행동하는 유튜버가 상대적으로 인기가 더 많다. 상식적으로 생각해 봐도 외모가 출중하거나 의상이나 연출이 화려한 개성 있는 유튜버들이 보는 사람에게 시각적으로 강한 자극을 주는 것이 당연하다.

눈으로 보는 것과 뇌로 지각하는 것은 거의 동시에 이루어진다. 그렇다면 당연히 남달라 보이는 것, 좀 더 오버스럽게 보이는 것, 뭔가 일상적인 것과는 달라 보이는 것에 시선이 먼저 가고, 또 그것은 나의 의지와는 상관없이 기억에 오래 남는다고 봐야 한다.

쇼호스트나 아나운서, 방송 MC들은 일반 사람들보다는 훨씬 목소리가 크다. 어느 기자가 유재석과 인터뷰를 하는데 쩌렁쩌렁한 그의 목소리에 깜짝 놀랐다는 기사를 본 적이 있다. 실제로 그의 방송이나 광고 영상을 보면 목소리를 크게 내는 것뿐만 아니라 정확한 발음을 위해서 입 모양을 상당히 크게 과장하는 모습을 어렵지 않게 볼 수 있다. 그가 '정점이동효과'를 알고 의도적으로 그렇게 했는지는 알 수 없다. 하지만 대충해도 될 텐데 짧은 광고 하나 찍는데도 저렇게 눈을 크게 뜨고 입을 크게 벌리면서 말하는 유재석의 모습은 개인적으로 꽤 깊은 인상을 주었다.

쇼호스트 중에서도 과장된 표현이나 몸짓 때문에 호불호가 상당히 심하게 갈리는 동료들이 있다. 같은 회사 동료는 아니지만, 이미용 상품만을 주로 진행하는 남자 쇼호스트가 있다(이 정도만 언급해도 벌써 누군지 아는 분들이 많을 것 같다. 그 정도로 유명하다). 남자가 여성 전용 화장품 방송을 하는 것도 마른 하늘에 날벼락처럼 아주 신기한 일인데, 이 쇼호스트는 방송 중에 아무 거리낌 없이 메이크업을 하면서 본인의 피부 자랑을, 상품 자랑을 한다.

"어머! 이거 정말 내 피부 맞아?"
"어머나 내 정신 좀 봐~ 이걸 빼 먹었네."
"이것 봐여~ 이거 보세여~ 발라여~ 문질러여~ 어때여? 나 내 얼굴 바뀌는 거 보고 빨리 방송하자고 했자나여~"

처음엔 보는 내가 적응이 안됐다. '뭐지?' 그런데 일단 남자가 화장품을 방송한다는 것에 시선이 갔다. 그리고 얼마 가지 않아 얼굴이 클로즈업 된다. '어라? 피부가 엄청 깨끗하네? 광까지 나네?' 계속 적응 안 되는 말을 들으며 지켜보게 된다.

"어머나~!"
"어우 진짜~!"
"웬일이니! 이거 내 얼굴 맞아?"

카페에서 생기발랄한 20대 여성 서너 명이 대화할 때 나올 법한 감탄사들을 연발하며 과장스런 몸짓과 표정을 섞어가면서 상품을 소개한다. 그런 그를 나도 모르게 10분 넘게 보고 있다. 그리고 또 보이는 특징 하나, 시종일관 카메라에 눈을 맞추며 방송을 보는 시청자와 끊임없이 대화를 한다. 실제로는 대화가 안 되니까 스스로 질문하고 대답한다.

"고객님 그렇죠? 네 맞아요~"
"이게 바로 주인공 같죠? 네에 바로 그거에요~"

눈을 크게 뜨고 고개를 위 아래로 끄덕이니 나도 모르게 같이 끄덕이게 된다. 이 정도까지 오면 누구라도 일단 주문하고 싶은 마음이 훅 들어온다. 그 다음날, 회사에서 이미용 상품을 주로 진행하는 동료에게 물어봤다.

"그 회사에 그 친구 알아?"

여태 나만 몰랐다. 나는 이름도 모르는데 이미 다 안다. 심지어 매우 유명하다.

개인적으로는 이렇게 오버하면서 호들갑스럽게 방송하는 스타일을 선호하지는 않는다. 무조건 무게 잡고 점잖게 방송하는 스타일이 좋다는 건 아니다. 필요할 때는 익살이나 유머도 사용해야 하고 반드시 필요하다. 그런데 필요 이상으로 시종일관 표정이나 몸짓을 과장하는 건 오히려 역효과를 낼 수 있다는 게 내 생각이었다.

프레젠테이션 관련 교육을 할 때에도 액션에 중점을 두는 것보다는 내가 강조해야 할 포인트나 장점을 어떻게 하면 더

극적으로 표현할 수 있을까에 대해 더 연구해야 한다는 점을 강하게 강조했었다. 물론 이 말이 틀린 것은 아니지만, 보다 더 기초적이고 직설적인 것을 간과했다. 본능적으로 사람은 우선 감각에 예민하고 그리고 보는 것이 바로 뇌의 지각으로 연결되고, 감각이 사고와 판단보다 앞서고 그래서 그 감각이 뇌에 가장 많은 영향을 미친다는 것이다.

평소에 요란스럽게 말하는 사람은 호불호가 극명하다. 좋아하는 사람도 많지만 반대로 싫어하는 사람도 많다. 하지만 분명한 것은 있다. 싫어하는 사람에게도 확실히 기억에는 오래 남는다.

발표를 하거나 프레젠테이션을 할 때, 혹은 많은 사람들 앞에서 이야기를 할 때에는 과장을, 오버액션을 조금만 활용해 보자. 처음, 혹은 마지막에 평소 자신의 모습이 아닌, 조금의 오버액션을 섞어서 힘을 실으면 된다. 누구나 처음과 마지막은 집중해 준다. 이때 강하게 시각이나 청각에 임팩트를 줄 수 있다면 내용을 떠나서 두고두고 기억에 남는 사람이 될 수 있다. 마치 나만의 캐리커쳐처럼, 나만의 특징을 확실하고 강하게 부각할 수 있다.

BABY, BEAUTY, BEAST
그 중에 제일은 BABY

유튜브든, 인스타그램이든, 페이스북이든 콘텐츠를 꾸준히 올리는 사람들은 대부분 다른 사람들과의 소통을 원한다. 자기만족 차원에서 영상이나 이미지를 올리는 사람도 있겠지만 그보다는 다른 사람이 봐주기를 바라는 사람들이 훨씬 많다.

영상이나 이미지는 그 자체로 강력한 언어라 할 수 있다. 굳이 말로 설명하지 않아도 한 장의 사진 혹은 영상만으로도 사람들의 이목과 관심을 끄는 경우는 아주 흔하다.

"퇴근해서 잠들기 전에 꼭 보는 유튜브 채널이 있어요. 예쁜 강아지가 노는 걸 보여주는 채널인데 멍멍이를 보고 있으면 절로 웃음이 나와요."

언젠가 지인이 이렇게 말했다. 평소 강아지를 그렇게 좋아하는 것 같지도 않았는데, 강아지 노는 걸 넋 놓고 본단다. 잠깐 동영상을 보여주는데, 왜 지인이 단순히 강아지 노는 모습을 보여주는 유튜브 채널에 빠진 것인지 이해할 수 있었다. 예쁘고 귀여운 강아지가 이리저리 뛰어다니고, 주인에게 붙어 꼬리를 흔드는 모습이 너무 사랑스러웠다. 보고 있으면 왠지 편안하고 기분이 좋아지는 느낌이다.

어디 강아지뿐일까? 보기 좋은 예쁜 것들은 언제나 사람들의 시선을 사로잡는다. SNS를 포함한 온택트 세상에서 3B라 불리는 세 가지 성공요인이 있다고 한다. BABY, BEAUTY, BEAST인데 그 중에서도 사람들이 제일 환호하는 첫 번째 요인이 BABY이다.

아기들은 존재 자체가 해피 바이러스이다. 예쁜 아기들을 보는 것만으로 눈이 즐겁고, 마음이 행복한데, 여기에 가족사랑 코드까지 더해지면 그 파급력은 엄청나다.

음식을 씹는 있는 그대로의 소리를 강하게, 실감나게 들려주면서 이미 어느 정도 유명세를 타고 있는 먹방 '홍사운드' 채널이 있다. 그 채널을 운영하는 유튜버 본인의 표현으로는 '맛의 즐거움을 함께 공유하는 리얼 사운드 먹방'을 표방한다고 했는데, 그야말로 먹는 소리가 일품이다. 넋 놓고 먹는 모습만 바라보면서, 또 씹고 삼키는 소리만 들어도 같이 먹은 것 같은 느낌이 들 정도다. 아마도 먹을 때는 고감도 특수 마이크를 사용한 것으로 판단된다. 일반적인 마이크로는 도저히 살릴 수 없는 소리를 너무나 리얼하고 강하게 부각하기 때문이다. 편집도 티가 나지 않고 너무나 자연스럽게 잘 이어서 표현한 것으로 봐서는 어느 정도는 음향기기와 장치에 상당한 지식이 있는 사람으로 보인다.

심지어 인상도 좋고 목소리도 차분하며 발음도 정확하다. 말을 할 때는 크게 강조하거나 지나치게 수식어를 많이 사용하거나 하지 않는다. 그저 있는 그대로 '먹어 볼게요', '아 맛있네요' 정도다. 처음에는 여러 종류의 치킨이나 떡볶이, 분식, 편의점 음식 등을 함께 모아서 맛을 비교해 보는 콘셉트로 진행했는데 어느 순간, 사람들의 시선을 붙잡는 캐릭터가 등장하면서 폭발적인 조회 수를 기록한다.

- 아내표 하트 스팸 김밥에 신전 리얼 사운드 먹방(34만 회)
- 킹크랩 리얼 사운드 먹방. 딸과 함께 처음 먹어본 소감 (384만 회)
- 통스팸 불마왕 라면에 수르스트뢰밍 리얼 사운드 먹방 (38만 회)
- 팝핑 보바를 처음 먹어본 딸의 반응은? 이런 반응 거의 처음인 듯(204만 회)

2021년 1월 29일자에 확인한 조회 수이므로 이 책이 출간

된 이후에는 조회 수가 다를 수 있다. 중요한 것은 아내가 해준 음식을 먹을 때보다는 확실히 딸이 등장했을 때 조회 수가 압도적으로 많았다는 것이다. 더 재미있는 것은 딸이 등장하는 장면이 많을수록, 딸이 코멘트를 많이 하면 할수록 사람들의 반응이 더 폭발적이었다는 점이다.

먹성도 그렇게 좋아 보이지 않은 평범한 남자가 음식을 리얼 사운드로 너무나 실감나게 먹는 것도 신기한데 그와 똑 닮은 딸이 등장한다. 그러면서 고감도 마이크로 들리는 부녀의 먹방 소리. 아빠는 '쩝쩝 촥촥', 딸은 '쫍쫍, 촉촉' 소리를 내면서 먹는다. 그런 딸을 한 없이 사랑스런 눈빛으로 바라보는 아빠. 여과 없이 표현되는 아빠의 사랑에 사람들은 감동한다. 그 아버지의 그 딸인지 딸도 어쩜 그렇게 맛있게 음식을 먹는지. 심지어 아빠에게 깨를 뿌려 먹으라는 등 이런 저런 팁까지 알려준다. 이 먹방의 댓글만 봐도 사람들이 얼마나 딸의 귀여움에 푹 빠져 있는지를 알 수 있다.

'여운이 먹는 모습 짱귀'

'원래 킹크랩인데 여운이가 킹크랩을 엄청 큰 꽃게라고 해서 노래 부를 때 엄청 큰 꽃게라고 한 거 짱이에용⋯⋯ 둘이 웃을 때 더더욱 닮아서 너무 보기좋네유 ♥앞으로 여운이랑 많이 찍어주세욥!'

'아 진짜 완전 어린 애기들 아니면 귀엽다는 생각을 거의 안하는데 여운이 볼 때마다 여운이 같은 딸 낳고 싶다 진짜…… 애기가 너무 귀엽고 착해(중략)"

'아기 너무 사랑스럽고 착하다. 홍사운드님도 드시라고 막 조금씩 먹는 거 너무 마음씨 예쁘고 보기만 해도 웃음이 나온다. 진짜ㅎㅎ'

댓글 내용 중 거의 90% 정도가 딸에 대한 내용들이다. 영상을 보는 것에 그치지 않고 댓글까지 남긴다는 건 그만큼 마음이 움직였다는 것이다.

얼핏 보면 너무 예쁘고 사랑스러운 딸이 다 했다는 생각을 할지도 모른다. 물론 여운이가 등장하면서 평균 조회 수가 몇백만이 넘어간 것은 사실이지만 이 유튜브 채널에는 사람들의 마음을 사로잡을 또 다른 코드가 있다. 바로 '가족사랑'이다. 붕어빵처럼 닮은 부녀의 사랑스러운 모습과 맛있게 먹는 소리가 시각과 청각을 자극하면서 깊은 인상을 남겼지만 그 안에 녹아있는 가족사랑 코드도 매우 중요하다.

댓글을 보면 훈훈한 영상 속에 담긴 가족사랑 코드를 읽은 구독자가 적지 않은 것 같다.

'아이를 억지로 데려다 놓은 게 아니라 딸이 아빠랑 같이 있고 싶어 해서 신경 써서 같이 촬영한 거 아니까 보기 불편하지도 않네요. ㅎㅎ 어떻게 보면 애기 데리고 촬영한다고 하는 게 힘들 수도 있는데, 딸도 아빠 안 힘들게 존중할라 하구 아빠도 딸 챙기는 게 자연스럽고 부담스러워 보이지 않아서 너무 좋아요. 행복해 보여요. 힐링됩니다.'

'나중에 여운이가 커서 삶이 고단해질 때가 오면 이런 영상들 속에 홍사운드님이 자신을 바라봐줬던 눈빛…… 이런 게 참 힘이 될 것 같아요. 오늘도 정성 가득한 영상 잘 보구 갑니다.'

먹방 유튜버는 대한민국에서만도 수를 헤아릴 수 없을 만큼 많다. 첨단 장비를 사용해서 누구보다도 리얼한 소리를 연출할 수 있는 사람도 많을 것이다. 그런데 그 중에서도 홍사운드 채널이 많은 사랑을 받는 이유는 귀여운 딸과 아빠의 가식 없는, 있는 그대로의 넘치는 사랑이 화면 그대로 표현되었기 때문이 아닐까?

대단한 사랑 표현이 아니어도 좋다. 그저 사랑스런 마음으로 지긋이 바라보고, 자연스럽게 대화하고, 그 속에서 웃는 영상만으로도 충분하다. 진심으로 아이를 사랑하는 모습을 보여주기만 해도 사람들은 열광한다. 처음에는 여운이가 귀엽고 예뻐서 동영상을 지켜본다고 생각하겠지만, 그 안에 더더욱 선명하게 내재돼 있는 '아빠의 사랑'과 '배려'에 사람들은 더 감동한다.

가족사랑 코드는 불패 코드이다. 영화도, 노래도 가족사랑 코드를 앞세우면 대부분 좋은 반응을 얻는다. 온택트 상황에서는 더 강력한 커뮤니케이션 무기가 될 수 있다. 우리 모두는 표현은 안 하지만 '가족사랑'에 목말라 있으니까.

눈이 즐거우면
반은 먹고 들어간다

TV홈쇼핑에서 건강기능식품을 방송하는 쇼호스트들의 말투는 한결 같다. 거의 모든 건강기능식품이 몸에서 빠져 나가거나, 몸에 부족한 영양 성분들을 채우는 것이기 때문에 쇼호스트들의 표정도 항상 엄근진 모드다. '이런 영양 성분이 몸에 없으면 큰일 납니다!' 식의 메시지를 전달해야 한다는 생각 때문인지 진지하다 못해서 심하면 가르치려 하는 말투도 서슴지 않는다.

 방송이 이렇게 흘러가다 보면 방송 자체는 무지하게 재미가 없어진다. 어느 누구도 마찬가지다. 누군가 내 앞에서 처음부터 진지하고 엄격한 표정으로 얘기를 시작한다면, 그리고 그런 표정과 톤으로 시종일관 말을 한다면, 1분이 아니라 30초도 듣기가 괴로워진다. 웃고 지내기에도 바쁜 세상에 내가 굳이 TV를 보면서 세상 진지하고 엄숙한 표정을 봐야 하나? 더군다나 사람은 누군가 '해라~', '이것만은 꼭 해야 한다!'라고 강하게 외칠수록 이상하게 더 하기 싫어진다.

나 또한 건강기능식품을 많이 진행하는데, 내 스스로 가장 먼저 꼭 지키는 철칙이 있다. 방송은 무조건 재미있어야 한다는 것.

사람들이 TV홈쇼핑을 왜 볼까? 필요한 상품을 사기 위해 보는 사람들도 있겠지만 마땅히 볼만한 게 없어 그냥 시간 때우기 용으로 보는 분들도 있다. 그런 사람들에게 진지하게 얘기해 봐야 별 소득이 없다. 하지만 그냥 흘려듣더라도 재미가 있으면 잠시라도 돌아보게 된다. 그렇게 듣다 보면, '아 저 사람 말 재미있게 하네?'를 느끼고, 그러면서 자연스럽게 방송에 집중할 수 있다. 그렇게만 할 수 있다면 대성공이다.

유튜브를 즐겨보는 사람들은 더 '재미'를 추구하는 것 같다. 재미가 다는 아니겠지만 재미가 있으면 소재가 무엇이든 일단 합격이다. 좀더 과장해서 말하면 별 내용이 없어도 재미있으면 사람들의 시선을 끌 수 있는 세상이다.

유튜브에 '재미'를 소재로, 무조건 '재미' 하나로 209만 명의 구독자(2021년 1월 29일 기준)를 확보하고 있는 유튜버가 있다. '공대생 변승주 DS'라는 채널을 운영하는 유튜버인데, 소개한 지 한 달도 안돼서 95만의 조회 수를 기록했다는 영상을 찾아서 봤다. 처음에는 '뭐 이런 게 95만의 조회 수를 기록했을까?' 싶었다. 그냥 여자친구랑 펜션에 가서 수영복 입고 재미있게 노는 영상일 뿐 아무것도 없었다. 제목은 '생일이라 (수영복을)특별히 입었습니다'였는데 말 그대로 서로 수영복 입고 풀 빌라에서 재미있게 노는 것, 둘이 펜션 여기저기를 둘러보면서 알콩달콩 즐겁게 데이트 하는 영상만 있을 뿐 특별한 게 없었다.

처음에는 사람들이 왜 이걸 볼까? 궁금했다. 한번 보고 두번 보고, 또 다른 영상을 보니 내가 미처 인식하지 못했던 것이 보이기 시작했다. 바로 '재미'다. 그의 영상은 거의 모두 '재미'와 '호기심'으로 가득 차 있다. 젤라틴 100개를 프라이팬에 녹여서 젤리 형태로 만든 다음 여자 친구에게 젤리라고 속이고서 먹인다. 절대로 씹히지 않는 젤리에 당황하면서 남자 친구에게 화를 내는 여자 친구를 그대로 카메라에 담는다. 그러면서 깔깔대며 좋아하는 모습도 그대로 노출한다. 거의 모든 영상이 '호기심'으로 출발해서 몰래카메라 형식이 됐든 실험이 됐든 '재미'와 웃음으로 끝이 난다.

- 하루 종일 다이어트 vs 살찌우기 누가 더 오래 버틸까? ㅋㅋㅋㅋ(160만 회, 2021년 1월 29일 기준)
- 화장실에 나오는 제일 뜨거운 물로 고기가 익을까?(158만 회, 2021년 1월 29일 기준)
- 손님 여기서 이러면 매우 감사합니다(?!) 사랑의 단무지 게

임(204만 회, 2021년 1월 29일 기준)

이 글을 쓰기 전, 후배에게 동영상을 소개하며 '그냥 자기들끼리 낄낄 거리며 노는 영상인데 이게 왜 히트를 하는지 모르겠다'고 얘기했더니 그 친구의 말이 정곡을 찔렀다.

> "혹시 우리가 놀 줄을 몰라서 그런 거 아닐까요? 우리가 그렇잖아요. 열심히 일만 하다가, 죽어라 공부만 하다가 어쩌다 시간이 남으면 그 시간을 어떻게 보내야 할지 모르거나 주저주저 하다가 그냥 시간만 보낼 때가 많잖아요."

그렇게 놀 줄 몰랐던 나였기에 처음에는 젊은 친구의 '재미' 코드가 어색하게 느껴졌지만 그런 나조차도 그의 동영상을 보면 볼수록 빠져들었다. '이게 뭐지?' 싶으면서도 재미있어 어느새 계속 '또 다른 건 없나?' 찾아보고 있었다.

그의 영상은 소재 자체가 흥미롭고 보는 재미가 있지만 유튜버의 말투도 지루하지 않고 친근하다. 목소리 톤은 항상 밝고, 얼굴에는 장난기가 가득해 그를 보고 있노라면 벌써 재밌다. 약간 경상도 사투리가 섞여 있는 억양도 아주 정겹다. 여담이지만 마치 잃어버린, 잊힌 나의 어린 시절을 보는 것 같기도 하다.

말을 재미있게 하는 것도 중요하지만 그 유튜버처럼 시종일관 호기심과 장난기 넘치는 표정이나 몸짓도 재미를 배가시키는 중요한 요소이다. 사람에게는 '거울 뉴런 세포'라는 것이 있어서, 내가 보고 있는 사람의 표정이나 행동들을 나도 모르게 따라 하게 된다. 옆의 사람이 하품을 하면 나도 따라 하는 것처럼. 그러니 무심코 본 영상에서 사람들이 뭔지는 모르겠는데 자기들끼리 낄낄거리면서 즐거워하면 보는 나도 기분이 '업'되는 것이다. 그들이 던지는 메시지나 내용과는 전혀 상관없이 말이다.

재미있는 소재를 찾기란 쉬운 일이 아니다. 재미있는 소재를 찾았다고 해도 어떻게 말하느냐에 따라 재미가 증폭되기도 하고, 반대로 재미없는 이야기로 전락하기도 한다. 가장 좋은 방법은 '무슨 말을 해야 재미가 있을까?'를 고민하지 말고, '무슨 말을 하든 세상에서 가장 즐겁고 신나는 표정과 말투로 바꾸는 것'이다.

일단 눈이 즐거우면 반은 먹고 들어간다. 여기에 귀까지 즐거우면 사람들의 주목을 끄는 것은 따 놓은 당상이다. 이제 무엇을 이야기하든 어떻게 재미있게 보여주고, 듣게 할 것인지 고민하는 것은 우리 모두가 풀어야 할 숙제가 아닐까 싶다.

답을 알아요
vs 답이 보여요

먹방을 자주 보진 않지만 무심코 TV 채널을 돌리다 한번 보면 끝까지 정신을 못 차리고 보는 프로그램이 있다. 바로 '맛있는 녀석들'. 여기에 나오는 네 사람의 창의적인 식사 장면을 보면 턱이 아래로 쑥 내려간다. 어떻게 저렇게 먹을 생각을 하지? 라면 하나를 먹어도 네 사람의 먹는 방식이 다 다르고 다 맛있어 보인다.

먹는 모습은 또 어쩌면 저렇게 복스러운지. 먹으면서도 쉬지 않는 그들의 위트 넘치는 토크를 듣고 있으면 세상 시름이 사라진다. 그리고 시간과 상관없이 일단 그 프로그램을 보면 나도 뭔가 해 먹어야 직성이 풀린다. 어쩌다 자정이 가까운 시간에 보면 어김없이 동네 편의점을 전전하며 1회용 먹거리를 찾아 헤매곤 한다.

그러던 어느 날, 무심코 '내가 왜 이걸 보면서 먹는 걸 못 참지?'라는 생각이 들었다. 그래서 주위 사람들에게 물어봤더니 나는 양반이다. 유튜브를 찾아서 동영상을 한꺼번에 몰아서 보는 사람, 아예 본방송을 사수하는 사람, 이 프로그램뿐만 아니라 각종 먹방을 두루 섭렵하는 사람 등 몰입정도가 나보다 심한 사람들도 많았다. 그 사람들의 반응은 대부분 단순하다.

"그냥……, 재미있잖아~"

단순하게 앉아서 먹는 것만 보여주는데 그게 재미가 있다? 아니면 내가 평소에 먹고는 싶은데 몸매 관리 때문에 차마 입에 못 대고 참았던 음식들을 다른 사람이 맛있게 먹어서 그걸로 위로를 삼나?

보다 근본적인 답을 찾기 위해서 인터넷을 찾아보았다.

'식욕이 인간의 생존을 위한 본능적 욕구라면, 그 필요수준이 충족되었음에도 만족하지 않고 욕망의 형태로 갈구되는 것은 식탐일진대, 젊은 세대의 이 식탐은 현재 젊은 세대의 정서적 허기와 불만, 불안감의 발화가 아닐는지……. 하지만, 요즈음 인터넷 개인방송에서 인기 있는 먹방 프로그램들이 진정으로 젊은 세대에 대하여 위로와 자기치유가 될 것 같지는 않다.'[4]

---

4 [논단] 먹방 유행의 사회학. 김영주. 중도일보 2015.7.101

'먹방 트렌드가 나오게 된 외면적 배경은 1인 가구 증가, 스마트폰과 인터넷 문화의 확산, 나홀로 문화, 몸의 억압, 관계의 과잉으로부터 오는 관계의 허기 등이지만, 바닥에 깔린 건 무기력증이나 심리적 좌절의 정서다.[5]

이외에도 '우리 안에 있는 음식 자체에 대한 욕구, 집착을 한껏 끌어올린다. 그리고는 먹는 것에 대한 쾌락을 즐기고 그것을 중요시하는 사람이 늘고 있다'는 분석과 함께 '또한 일과 시간에 쫓기다 보니 시간적 경제적 여유가 없고 또 끊임없이 다이어트를 해야 하는 사람들이 먹방을 통해 스트레스를 풀고 대리만족을 느낀다'는 분석도 있었다.

이외에도 각각 다른 분석들이 있었지만, 대부분 일맥상통하는 내용은 '식욕'이라는 '원초적 욕구'의 발현이라는 말로 압축할 수 있을 것 같다. '식욕'이라는 원초적인 욕구에 정신적인 결핍이 결합되면서 생기는 끊임없는 욕망을 '보는 것'으로 해결하는 것이 아닐까? 많은 구독자를 자랑하는 유튜브 채널 중 상당 수가 '먹방'인 데는 다 이런 이유가 깔려 있기 때문인 듯하다.

그렇다면 '원초적 본능'과 '본다' 중 사람들은 어느 것에 더 민감하게 반응할까? 둘 다 모든 사람들이 예민하게, 자기도 모

---

5 신동아 '먹방 전성시대'의 사회심리학. 주창윤 2014.3.18

르게 반응하겠지만 대화에 있어서 나는 '본다'에 주목하고 싶다. 인터넷이 발달하고 각종 정보가 쏟아지는 현대에서는 더더욱 '보는 것'에 민감하다.

가만히 생각해 보면 지금 우리는 무엇이든 보지 못해서 안달이고, 또 반대로 무엇이든 보여주지 못해서 안달인 사회를 살고 있다. 이처럼 사람들은 '보는 것'에 민감하기 때문에 각종 발표를 할 때나 많은 사람들 앞에서 뭔가를 얘기할 때 말로만 하지 않고, 이미지나 도표 등 시각적인 이미지를 함께 사용했을 때 집중도가 높아지는 것은 당연하다.

하지만 시각적인 요소를 활용할 수 없을 때는 어떻게 해야 할까? 우리 몸의 중요한 감각기관인 오감과 관련된 언어를 사용하는 것도 한 방법이다. 예를 들어 '나는 답을 알 수 있어요'보다는 '나는 답이 보여요', '나는 답이 풀리는 소리가 들려요', '나는 정답의 냄새를 짙게 맡을 수 있어요'라는 말이 훨씬 쉽고 명확하게 전달된다.

오감 중에서도 가장 예민하게 반응하는 것이 바로 시각이다. 따라서 그 어떤 기관보다 시각을 자극하는 언어가 귀에 쏙쏙 꽂힌다. 나는 방송을 할 때 종종 이렇게 시각적으로 표현해 좋은 결과를 얻었다.

"크릴에 대한 공통된 얘기가 있습니다. 누구든지 크릴에 대해서 정확한 얘기를 한 5~6분 들으면 똑같은 얘기가 나옵니다. '먹어야겠는데요' 거기서 쫌만 더 들으면 내 몸에 뭐가 더 이로운지 아주 뚜렷하게 보입니다."

"세상에 강철 푸드니 슈퍼 푸드니 좋은 것 많잖아요. 그렇게 따지면 이 크릴 오일은 도대체 뭘까요? 가늠이 안 됩니다. 뭐라고 명칭을 못 붙입니다. 그런데 크릴 오일이 갖고 있는 성분들이 다 우리 몸이랑 관련이 깊잖아요. 그럼 결론이 딱 보입니다."

재미있는 건, TV홈쇼핑에서 '답을 알아요' 식으로 단정적이고 직접적으로 말을 하면 당장 심의에 걸려 바로 정정해야 한다. 그런데 '답이 보여요'라고 말하면 심의에 걸리지 않는다. 표현 자체가 추상적이기 때문이다.

그런데 단정적이고 직접적인 말보다 '보인다', '들린다', '냄새가 난다' 등의 추상적 표현이 더 명확하고 깔끔하게 들리는 이유는 뭘까? 그것은 바로 앞서 얘기했던 우리가 떼려야 뗄 수 없는 '원초적 본능'과 직접적으로 맞닿아 있기 때문이다. 그중에서도 가장 예민한 '시각'을 이용한 표현을 만들어 보자. '해답이 명확하게 나왔습니다'보다는 '해답이 명확하게 보입니다'가 더 큰 기대를 갖게 하고 머릿속에 더 큰 화학 작용을 불러일으킨다.

'답을 알아요'와 '답이 보여요'는 단어 하나 차이일 뿐이다. 그런데도 이 작은 차이가 사람들의 집중도를 높인다. 못 믿겠다고? 그렇다면 누군가와 소통을 할 때 한번 활용해보시길. 원초적 욕구와 오감 중에서 가장 예민한 시각을 연상시키는 단어가 얼마나 파급력이 있는지 확인할 수 있을 것이다.

Part. 04

온택트에서 더 잘 들리는 말은 따로 있다

겉으로 보기에 무척 연약해 보이는 모든 것이 바로 힘이다.

— 파스칼

'여러분'과 **'우리'의 차이**

코로나 때문에 지금은 오프라인 행사가 많이 줄었지만 코로나 이전에는 행사 사회를 많이 맡았다. 아나운서 시절부터 쇼호스트로 일하는 지금까지 결혼식 사회부터 시작해서 각종 행사 사회를 200~300번은 본 것 같다. 결혼식 사회도 마찬가지지만, 어느 행사의 사회를 보든, 행사를 잘 이끌고 멋지게 마무리하기 위해서는 참석한 사람들, 청중의 집중도가 가장 중요하다.

사회자가 말을 하고 있는데 청중이 자기들 마음대로 떠들기 시작하면 사회자는 당황한다. 설상가상으로 당황하는 모습을 청중이 보면 그 사회자를 무시하면서 더 집중하지 않는다. 그럼 행사 진행은 거의 엉망이 되고 만다. 결혼식 사회는 신랑의 친구가 하는 경우가 많은데, 대부분 아마추어이기 때문에 매끄럽게 진행하기가 쉽지 않다. 청중이 사회자의 말에 집중을 안 하고 제각각 따로국밥처럼 산만한 가운데 고군분투하는 사회자를 보면 안쓰럽기까지 하다.

아마추어라도 쉽게 청중의 집중도를 높이는 방법이 있다. 그것은 바로 '박수 유도'다. 이를 테면 이런 상황이다. 만약 내가 어떤 행사에 참여해서 진행보다는 옆 사람과 무언가 얘기를 하고 있는데 갑자기 큰 박수소리가 났다면? 십중팔구 옆 사람과 대화를 중단하고 바로 행사에 집중하게 된다. 바로 그 원리다.

그런데 그런 방법을 알고 있는 사회자가 산만한 분위기를 다시 돌리기 위해서 "여러분 힘찬 박수 부탁합니다!"라고 했다면? 그때의 박수소리는 사회자의 욕심만큼 우렁차기가 쉽지 않다. 다급해진 사회자가 다시 한번 목소리를 높여서 "여러분 다시 한번 힘찬 박수를 부탁합니다!" 해봐야 소리는 점점 작아질 뿐이다. 이렇게 한번 수렁에 빠진 분위기는 좀처럼 집중도 높은 분위기로 돌아오기가 힘들다. 그렇다면 여기서 그만 포기해야 할까? 이런 상황에서도 분위기를 다잡을 수 있는 박수 유도 방법이 있다. 어느 한 집단을 콕 집어서 박수를 유도하면 된다.

"다음엔 신부 입장이 있겠습니다. 아름답지만 무척 긴장하고 있을 신부를 위로하고 다독여주기 위해서 이번엔 신랑 쪽 가족과

하객께서 힘차게 박수로 환영해 주시기 바랍니다. 신부 입장!"

그 다음엔 평소보다 최소 두 배 이상의 큰 박수 소리가 들린다. 그럼 자연스럽게 청중들은 사회자의 말에 귀를 기울인다. 수많은 경험을 통해서 터득한 것이기는 하지만, 실제로 이런 방식으로 실험한 결과도 있다고 한다. 많은 사람들이 있는 곳에서 막연하게 '여러분 박수를'이라고 부탁하는 것보다, 여성, 혹은 남성 식으로 타깃을 좁힌 다음 부탁하니 훨씬 더 박수소리가 컸다는 것이다.

입장을 바꿔서 생각하면 더 이해가 빠르다. 내가 어딘가 결혼식에 하객으로 갔는데 사회자가 '여러분 박수를~'이라고 하면 처음엔 성의 있게 친다 할지라도 그 다음부터는 그냥 넘어가거나 대충 박수를 치게 된다. 여기 수많은 '여러분'이 있으니까 자연스럽게 '나 하나쯤이야~'하는 무의식이 나를 지배한다. 설렁설렁 박수를 치면서도 '이만하면 됐지'하고 쉽게 생각한다.

그렇다면 이런 상황을 회의 상황으로 바꿔서 생각해 본다면? 팀장님, 이사님, 부사장님, 사장님이 주재하는 그 수많은 회의 상황에서 누가 됐든 "여러분~ 열심히 해 봅시다"라는 말을 했다고 치자. 그 말을 듣는 나의 생각은 어떨까? 정말 저 분의 말씀대로 열심히 해야겠다는 생각이 들까?

어릴 적 교장선생님의 훈화가 그렇게 견디기 힘들었던 이유는 엄청나게 긴 연설에도 있지만, 교장선생님께서 습관적으로 말씀하시는 '여러분'이란 말이 대충 듣게 만들어 연설이 더 지루하게 느껴졌을 수도 있다. 이렇게 우리가 아무렇지도 않게 쉽게 말했거나 혹은 사회적 위치가 올라가면서 별 생각 없이 말할, 이 '여러분'이란 말에는 생각하지 못한 깊은 의미가 있다.

정이현의 장편소설 '달콤한 나의 도시'에서는 마음을 열고 적극적으로 모두가 임해야 할 회의에, 어떻게 하면 모두가 마음을 닫고 대충 회의를 할 수 있는지 잘 표현하고 있다.

오늘 아침에는 편집 에디터들만의 주간 회의가 열렸다. 주제는 규모 있는 예산 관리를 통한 효과적인 제작비 절감 방안. 한마디로 돈 좀 아껴 쓰라는 얘기다. 사실 주제는 중요하지 않다. 회의 주재자가 누구인지가 그보다 열 배는 더 중요하다.

"자, 장미경 씨부터 시계 반대 방향으로 도는 거야."

그럴 줄 알았다. 이것이 안 이사의 방식이다. 무슨 친목 계모임 장기자랑도 아니고, 한 명씩 돌아가며 한 곡조씩의 의견을 순서대로 뽑아내야 한다는 발상에 짜증이 솟구쳤다.

"저희 팀 같은 경우는 진행 계획표대로 꼼꼼하게 진행을 해서 불필요한 페이지 낭비를 줄이고, 에, 또……"

교과서 같은 말씀. 장 선배는 심야 토론 프로그램에 발언자로 나선 방청객 대표처럼 진지하지만, 듣고 있는 안 이사의 표정에는 아무 변화가 없다. 야속하게도 중간 중간 고개 한번 끄덕여주지 않는다.

단 몇 줄만 읽어도 이 회사의 회의 분위기가 확연하게 그려진다. 이 글에서는 '여러분'이란 말이 등장하지는 않았지만, 이미 안 이사는 "여러분 효과적인 제작비 절감을 위해서 한마디씩 해 봐. 자, 장미경 씨부터 시계 반대 방향으로 도는 거야"라고 말했음을 어렵지 않게 짐작할 수 있다.

무심코 하는 한마디지만, 그 한마디에 여러 사람의 마음이 흔들릴 수 있다. 일단 '여러분'이란 말을 듣는 순간, 듣는 사람 입장에서는 묘한 이질감을 느낀다. 마치 말하는 이는 높은 위치에 있고 '여러분' 소리를 듣는 사람은 그 아래에 있는 것 같은 느낌이다. 더 강하게 얘기하면 '여러분'이라고 말하는 사람은 '나와 너희들은 신분이든 뭐든 다르고 내가 더 월등하다고 느끼는 듯하다'라는 우월성까지 느껴진다. 생각해 보니 나에게 '여러분'이라고 말했던 사람들은 모두 다 나보다 사회적인 위치가 위였다.

TV홈쇼핑 방송을 볼 때나 일반 공중파, 케이블 방송을 볼 때도 직업상 쇼호스트와 사회자의 말을 유심히 들을 수밖에 없는데, 그럴 때마다 가장 거슬리는 말이 '여러분'이다.

"여러분~ 이건 꼭 챙기셔야 해요."
"여러분께 꼭 필요한 상품입니다."
"여러분 지금부터 시작합니다."

유튜버 개인방송을 하거나 온라인 강의를 하는 사람들 중에도 '여러분'이란 호칭을 쓰는 분들이 있다. 자기도 모르는 사이에 습관처럼 나오는 말일 수는 있지만 모니터 너머 보이지 않는 사람들의 마음을 열려면 가능한 한 '여러분'이란 호칭을 쓰지 않는 것이 좋다.

간단하게 '여러분'과 '우리'의 어감 차이를 느껴보면 된다. 어떤 쇼호스트가 방송에서 나에게 말을 한다.

"여러분 피부 관리는 꼭 정확하게 해야 합니다. 그래서 이 방법을 추천합니다."
"우리가 피부 관리를 정말 무심하게 했어요. 그래서 우리에겐 이 방법이 절실할 수도 있어요."

어느 말에 더 집중하고 들을지는 눈으로 한번만 읽어보면 바로 알 수 있다. '여러분'은 누군가 나를 가르치려 하는 느낌을 지울 수 없다. 그리고 뭔가 하대 받는 느낌이다. 그냥 지나치거나 흘리면 전혀 모를 말이지만, 한번 곰곰이 생각해 보면 아주 기분 나쁜 말일 수 있다.

하지만 '여러분' 대신에 '우리'라는 표현으로 바꾸면 말하는 사람이나 듣는 사람이나 동등한 입장, 같은 처지에 있는 사람이 된다. 그래서 더더욱 친숙하게 느껴지고, 동질감을 느낄 수 있다. '아 저 사람도 나처럼 피부에 고민이 많구나. 뭐라고 하는지 더 들어보자'라고 생각하며 귀를 기울인다.

그래서 나는 방송할 때 습관적으로 '여러분'이란 말을 사용하는 후배에게 항상 나의 의견을 전한다. 우리 이제부터 '여러분'이란 말 쓰지 말자고. 생각해보면 듣는 사람 입장에서는 상당히 거만한 말로 들릴 수 있다고. 그리고 결정적으로 '여러분이 잘 돼야 회사도 잘됩니다'라는 말을 들었을 때의 느낌처럼, '여러분'이란 말을 듣는 순간부터 나와는 상관없는, 크게 신경 쓰지 않아도 되는 말로 전락한다.

그래서 '무엇이든 함께 열심히 하자'라는 메시지를 전달할 때나 나의 의견이 상대에게 명확하게 전달되기를 원한다면 '여러분'이란 말을 피하는 게 좋다. 말하는 이와 듣는 이를 확연하게 구분하는 '여러분'이란 낱말 하나가 동기 부여나 공동체 의식을 현저하게 떨어트리는 주범이 된다. 그리고 결정적으로 소통을 어렵게 만드는 결정적인 한마디가 될 수 있다.

코로나 때문에 난생처음 온라인 수업을 시작한 선생님이 "학생들 없이 카메라를 보고 수업을 하려니 재미가 없어 자꾸 목소리에 힘이 빠진다"고 한 말을 들었다. 모니터로 선생님 얼굴을 보며 수업을 받는 학생들도 마찬가지일 것이다. 선생님과 눈을 마주치지도, 질문도 못하는 수업이 뭔 재미가 있을까?

가뜩이나 재미없는데, 선생님이 "여러분 알겠죠?", "여러분, 이건 왜 그럴까요?"와 같이 '여러분'을 남발한다면 학생들은 더 거리감을 느껴 수업에 집중하지 못할 것이 뻔하다. '여러분' 대신 '우리'를 쓰면 어쩔 수 없이 몸은 멀리 떨어져 있어도 마음의 거리만큼은 한 뼘이라도 좁혀질 것이다.

왜 '남편'은 안 되고, '아버지'는 먹힐까?

중장년 남성의 건강을 위해서 소리 소문 없이 2분 20초마다 한 박스, 하루에 600박스 정도 매출을 올리는 제품이 있다. 일간지 등에 광고는 가끔 실리지만 TV나 라디오 등에 광고는 거의 없는 상품. 그런데도 입소문으로 상품의 효능이 알려지면서 알아서 팔리는 신통방통한 제품이 TV홈쇼핑에 왔다.

이 정도면 걱정할 필요가 없다. "이거 다 아시죠? 방송 중엔 조건이 더 좋아요. 한 박스 씩 사지 마시고 6개월 치 한꺼번에 주문하세요"만 외치면 된다. 하지만 모두의 기대를 저버리고 이 상품은 방송할 때마다 목표 매출의 반도 이루지 못했다. '도대체 왜?'라는 궁금증이 생길 법도 하겠지만, 사실 이 수치는 방송 전에 담당자 모두가 예상한 결과였다.

이 상품의 가장 큰 문제는 남성, 그것도 중년 이상의 남성 전립선 건강을 위한 건강기능식품이라는 점이다. TV홈쇼핑의 고객 90%는 여성이다. 그것도 40~50대 이상의 여성들이 주를 이룬다. 이들이 곤히 잠들어야 할 새벽에 억지로 일어나 화장실로 향하는, 그리고는 한참 있어야 볼일을(소변) 겨우 마치는, 한두 시간마다 수시로 화장실을 가야하는 남편을 위해서 사줘야 하는데 눈길조차 주지 않고 채널을 돌리는 게 방송을 할 때마다 확연히 느껴졌다.

그럼 방송을 보는 남자라도 주문을 하면 되지 않을까? 다 그런 것은 아니지만 대부분의 중년 이상의 남성들은 TV홈쇼핑이 서툴다. 전화해서 주문하는 것은 거의 암벽을 처음 오르는 것과 같은 고난도의 작업이다. 평소에 TV홈쇼핑에서 주문했던 경험이 없으니 전화 후 결제까지 넘어오는 시간이 너무 오래 걸려서 도중에 주문을 포기하는 고객도 상당 수 있었다고 한다. 사실 TV홈쇼핑에 첫 주문을 할 때는 카드 번호 등 이것저것 등록할 게 많다. 그래서 성격 급한 사람들에게는 아주 고역이다. 이것저것 등록하다가 도중에 화장실에 갈 수도 있다.

그리고 또 하나, 앞서 말했듯이 여성들의 무관심도 빼 놓을 수 없다. 모두가 그렇지는 않겠지만 대한민국 주부들은 자식을 위한 상품은 주저하지 않고 통 크게 지갑을 여는데 남편을 위한 쇼핑에는 상대적으로 인색하다. 게다가 여성입장에서 남성이 전립선으로 인한 일상의 고통과 불편을 이해할 수가 없으니 닫힌 지갑은 더더욱 견고할 수밖에. 설상가상으로 이 상품은 남성의 정력 강화용 건강기능식품이라는 다소 엉뚱하고 이상한 인식까지 있어서 여성들의 거부감은 더더욱 컸다.

방송을 했던 동료 여자 쇼호스트도 "이건 아줌마들이 안 사! 누구 좋으라고 이걸 사겠어!"라고 독침을 날린 적도 있다. 더 재미있는 사실은 오프라인이나 다른 채널을 통해 이 제품을 구입하는 남성들도 남들 몰래, 가족들 몰래 사고 몰래 먹는다는 것이다. 심지어는 '배송 시 요청 사항'에 '박스에 상품명은 지우고 배송해주세요'라고 적는 사람도 상당수 있고, 상품명이 그대로 적힌 박스를 배송했다가 제조사에 항의 전화를 했다는 사람도 여럿 있었다고 한다. 이 은밀한(?) 중장년 남성 전용 건강기능식품을 어떻게 표현해야 할까? 이미 '남편의 건강을 위하여'라는 콘셉트는 처참하게 망가졌다. 처음 방송 때는 순진하게도 여성의 이해를 구하는 식의 말을 했었다.

"사춘기 때는 전에는 없던 것이 생기면서 당황합니다. 수염도 나고 근육도 생기고 목소리도 바뀌고. 그런데 남자가 중년이 되면 전에 있던 것들이 없어지면서 더 당황합니다. 기운도 떨어지고 쉽게 피곤해지고 노안도 오고. 그러면서 대표적으로 당황스러운 게 바로 전립선 문제입니다. 그러면서 더욱 절망하게 되거든요."

"더 심각한 문제는 지구의 절반이 이 문제를 전혀 이해하지 못한다는 겁니다. 그러니 중년 이상의 남자들은 더더욱 혼자만의 고민에 빠지면서 동굴로 깊숙하게 들어가는 겁니다. 이제 남자만의 고통을 이해해야 합니다."

"전립선 건강은 어떻게 보면 남자들의 자존심 문제입니다. 그러니까 더더욱 남자들은 말을 안 하고 숨기는 겁니다.

하지만 이미 밝힌 대로 결과는 참담했다. 그리고 두 번 더 실패를 확인했고, 이제 네 번째 방송을 앞두고 있었다. 방송을 앞두고 PD와 MD, 그리고 나를 포함한 쇼호스트가 둘, 그리고 협력사 담당자까지 5명이 모여서 똑같은 문제를 두고 머리를 쥐어뜯고 있었다. '어떻게 하면 아줌마들이 지갑을 열까?'

대화는 계속 돌고 돌았다. 이미 세 번의 실패를 맛봐서인지 부정적인 대화들뿐이었다.

"몰래 산다는 데 이걸 누가 집에서 TV 보다가 사겠어."(나)

"남편이 술 먹고 들어온 날은 어김없이 새벽에 일어나더라고요. 안쓰럽지만 술 먹는 게 얄미워서 안 사게 될 것 같아요."(동료 쇼호스트)

그런 답답한 대화가 오가던 중, 담당 PD가 한마디 했다.

"이걸 중년 남성이라고 하지 말고, 아버지라고 하죠."

그 한마디에 물꼬가 트였다. 남편은 밉지만 친정아버지를 생각하면 가슴이 짠해진다. 생각하지도 못한 데에서 큰 물줄기를 잡았고 머리가 맑아지면서 말할 거리들이 쏟아져 나왔다. 우선 아버지에 대한 얘기를 하기 전에 전립선 문제가 절대로 쉬쉬할 문제가 아니라는 것부터 이야기하면서 여성들의 시선을 잡고 남성들의 인식을 바꾸는 것에 주력했다.

"전립선 문제는 부끄러운 것이 아니라 다만 불편한 것일 뿐입니다. 말도 못하고 혼자서 끙끙 앓고 있을 문제가 아니라는 거죠. 그냥 불편한 것 편하게 바꾸세요. 그게 다입니다."

"남자의 전립선 문제는 부끄러운 게 아니라 불편한 것일 뿐이라고 말씀드렸습니다. 그러니 이건 절대로 몰래 살 게 아닙니다. 몸이 뻣뻣해서 불편하면 안마기 사듯이 당당하게 떳떳하게 사면 되는 거예요."

그런 다음 아버지와 아빠의 얘기를 덧붙였다.

"지금 아버지가, 아빠가 딸을 보면서도 전립선이 불편하단 얘기도 못하시고 혼자 끙끙 앓고 계시다면 딸의 말은 딱 한마디뿐입니다. '아니 왜 그걸 여태 말씀 안하셨어요?' 이거 아닐까요?"

"2분 40초에 1박스. 1시간에 24박스. 하루에 소리 소문 없이 하루로 따지면 600박스 가까이 쭉쭉 팔립니다. 이게 판매량 때문에 놀랄 것이 아니라 그만큼 남자들, 특히 나이 드신 아버지들의 고민과 불편이 심각하다는 것에 놀라야 하는 것이죠."

"화장실에서 큰일 보는 게 불편해서 비데를 삽니다. 이게 부끄러운 게 아니잖아요? 마찬가지입니다. 남자들, 특히나 우리 아버지들의 가장 큰 고민과 불편이 이 전립선 문제입니다. 아무 얘기도 안했는데 자식이 먼저 알고 아빠에게 드린다면 얼마나 기뻐하시겠어요?"

결과는 어땠을까? 말 한마디, 단어 하나 바꾼 것뿐이었는데 앞서의 방송 대비 두 배 이상 매출을 올렸다. 친구들과 얘기를 하더라도 "우리 아버지가 항상 이런 말씀을 하셨어"라든가 "내 어머니와 아버지를 걸고 맹세할게"라고 하면 뭔가 궁금증이 생기고 그 말에 신뢰가 간다. 우리 모두가 본능적으로 좋아하고 신뢰하는 말이기 때문에 그 말을 듣는 사람들의 감정의 울림은 더 클 수밖에 없다. 우리는 '남자'와 '여자'는 각각 다르게 생각하지만 '아버지'와 '어머니', '아빠'와 '엄마'는 공통적으로 각별하게 여기기 때문이다.

'아' 다르고 '어' 다르다. 같은 이야기를 하더라도 이왕이면 거부감 없이 바로 귀에 쏙쏙 꽂히는 단어로 이야기하려는 노력은 온택트 시대에 특히 더 중요하다. 특히 상대방의 마음을 움직여야 할 때는 더더욱 그렇다. 어떤 키워드로 이야기를 풀 것인지 충분히 고민하고 이야기를 하면 단지 표현을 잘못해 소통이 어긋나는 불상사를 막을 수 있다.

약을 팔지 말고
병을 팔아라

회사 동료이자 대한민국 TV홈쇼핑에서 패션 방송으로는 둘째가라면 서러워할 발군의 스타 쇼호스트가 있다. 이 친구가 몇 해 전에 책을 냈는데, 처음 읽을 때는 미처 알아보지 못한 구절이 눈에 들어왔다.

> "나는 쇼호스트란 단순히 상품을 파는 데 그치는 것이 아니라 트렌드 및 상품에 대한 활용 정보를 함께 제안할 수 있는 전문가의 역할까지 담당해야 한다고 생각한다."

전문가가 되어야 한다는 말은 당연한 것 같았지만 '상품을 파는 게 아니라 트렌드 및 활용 정보를 전달한다'는 글이 의미심장했다. 좀 더 읽어보니 그 친구가 어떤 의미로 그런 말을 했는지 이해할 수 있었다. 그 친구는 방송도 모르고, 패션도 몰라 오히려 고객들의 눈높이를 맞추기가 쉬웠던 것 같다고 한다. 또한 어떤 아이템을 어떤 아이템과 매치해서 어디를 갈 때 착용하면 맵시가 돋보일 거라든지, 여러 가지 색상으로 나온 상품의 경우 어떤 색상이 누구에게 잘 어울린다는 식의 팁을 자주 제공했다고 밝혔다.

겸손한 표현이겠지만 패션을 모르는데 패션 전문 쇼호스트가 가능할까? 상품에 대해서는 잘 몰라도 소비자의 마음은 잘 알고 있었으리라. 이미 한참 전 이야기지만 그녀의 이런 진행 방식, 그러니까 제품 자체에 대한 소개는 최소한으로 하고 트렌드나 활용방법 위주로 진행하는 방법은 고객들의 폭발적인 반응을 불러 일으켰다. 나도 언젠가 그녀의 방송에서 들은 기억이 있지만 책에도 나와 있는 한마디가 머리를 강하게 강타했다.

> "굳이 이 제품을 사지 않으셔도 다른 제품을 사실 때 참고하셨으면 좋겠어요. 지금 이 방송을 통해 트렌드를 알아가는 시간이 되었기를 바랍니다."

이쯤 되면 방송을 보는 사람은 '트렌드'라는 말에 꽂히게 되고 계속해서 방송을 시청할 가능성이 아주 높다. 유행하는 옷을 때맞춰, 철마다, 해마다 입을 수는 없다. 패션업도 먹고 살아야 하니 계속해서 유행을 바꿔야 한다. 그러니 트렌드에 맞게 옷을 계속해서 신상으로 바꿔 입는다면 뱁새가 황새 쫓아가다 가랑이 찢어지는 꼴이 되고 만다. 그럼에도 트렌드는 알고 싶은 욕망은 강하다. 알고는 있어야 하니까. 그래야 시대에 뒤떨어지지 않으니까.

그런 마음으로 TV를 보면 자연스럽게 상품에 정이 간다. 사람도 오래 보면 정이 드는 것처럼 어느 정도 시간이 흐르면 상품에 대해서도 알겠고, 무엇보다 홈쇼핑이다 보니 가격이 마음에 든다. 듣고 보니 최신 트렌드에 딱 맞지는 않아도 어느 정도는 맞춰서 입을 만하다. 살 생각이 없었는데, 어느새 마음이 흔들리고 주문을 하는 자신을 발견한다.

사실 쇼호스트가 해야 하는 역할은 분명하다. TV를 시청하는 보이지 않는 고객에게 상품을 팔아야 하는데, 노골적으로 상품의 장점만을 늘어놓으며 사라고 재촉하면 잠재 고객들이 등을 돌리기 쉽다. 어떻게든 시청자들의 눈과 귀를 계속 잡아놓아야 하는데, 그러려면 고객들이 관심을 갖는 주제를 딱 짚어 이야기해야 한다. 상품 소개는 그 다음이다.

패션 방송을 할 때 옷을 소개하는 것이 아니라 트렌드를 얘기하는 것처럼, 여행을 소개할 때는 어디로 가느냐가 중요한 것이 아니라 여행의 자유와 향수를 먼저 팔아야 한다. 그리고 건강 관련 상품도 마찬가지. 약을 팔 게 아니라 병을 먼저 팔아야 한다.

TV홈쇼핑에서 유독 고전을 면치 못하는 상품이 있다. 바로 관절 관련 건강기능식품이다. 관절 때문에, 관절이 불편해서 병원을 찾는 사람들이 천만 명이라는 말이 있을 정도로 감기보다 흔한 질병이 바로 관절염이다. TV홈쇼핑에서는 약을 소개할 수는 없으니 관련 건강기능식품이나 일반 식품을 소개해야 하는데 관절 때문에 힘들어하는 사람들이 엄청나게 많은데도 TV홈쇼핑에서는 히트와는 거리가 멀었다.

그럼에도 불구하고 몇 해 전 관절 건강기능식품을 소개하게 되었는데 상품 자체는 상당히 훌륭했다. 방송 전에 미리 샘플을 받아서 어머니께 전해드렸더니 며칠 드시고선 '아 그거 괜찮더라~'는 반응을 보이셨다. 제품 자체에는 이상이 없다. 그보다 더 나아가서 아주 훌륭했고 많은 사람들에게 큰 도움이 될 것이라는 확신이 섰다.

그럼 이걸 어떻게 소개해야 할까? 상품을 중점적으로 소개하기보다는 관절이 불편해 겪어야 하는 여러 정신적인 고통, 소외감, 외로움 등을 집중 준비했고, 관절이 좋아졌을 때의 기대감, 같이 따라올 기쁨 등도 구체적으로 작성해서 방송에 활용했다. 그야말로 약을 팔기 전에 병부터 판 셈이다. 공감만 얻을 수 있다면 어느 정도 성과는 기대할 수 있을 것이라고 판단했다.

"우리 옛말에 '걸음아 날 살려라'라는 말이 있는데 이 말이 진리가 되고 있습니다. 관절이 불편하신 분들께 최고의 약은 걷는 거래요. 많이 걸으시기 바라고 더욱 왕성하게 걸을 수 있도록 도와드리겠습니다."

"날씨 궂을 때 우산 챙기는 마음으로 준비하세요. 가랑비에도 옷 젖듯이 관절의 작은 불편도 나중에 사람 잡는 수가 있어요. 그 다음에 후회한다면 모두를 잃는 것 아니겠어요?"

"우리의 소원은 통일이지만 중년 여성의 소원은 웃는 관절이라는 웃픈 얘기도 있습니다. 웃는 관절을 위해 시작하세요. 관절은 관리가 중요합니다. 과학적인 관리방법을 준비했습니다."

"관절 통증을 멈출 수만 있다면 교회 가서 염불이라도 외우라면 하겠다, 절에 가서 찬송가라도 부르겠다는 분들 많으실 겁니다. 얼마나 불편하면 그렇겠어요. 이제 불편을 내려놓으시고 웃음을 잡으세요. OOO이 불편을 웃음으로 만들어 드립니다."

"어느 마라톤 선수가 넘어졌다가 다시 일어나서 1등을 했다면 눈물이 왈칵 나올 정도로 감동이잖아요. 내 관절도 그럴 수 있습니다. 한번 넘어졌다고 해서 좌절할 필요 없어요. 다시 일어나서 힘을 내는 감동. OOO와 함께 하세요."

인체시험 결과 등 상품에 대해 자세하게 소개하기 이전에, 혹은 상품 소개 후 마무리를 할 때 관절의 소중함에 대해서 집중적으로 어필했다. 사람은 듣고 싶은 것만 듣는다. 패션 방송 때 옷보다는 트렌드에 대해 더 궁금했던 것처럼, 관절이 불편해서 오는 정신적인 고통이 공감을 더 크게 불러 일으켰으리라고 본다. 이제 이 상품은 TV홈쇼핑에서는 손에 꼽는 히트상품으로 자리 잡았다.

TV홈쇼핑뿐 만이 아니다. 코로나 이후 많은 것이 달라졌다. 지금은 TV홈쇼핑처럼 사람을 직접 대면하지 않고 말하거나 설득해야 할 일이 많아졌다. 마케팅도 비대면으로, 강의도 비대면으로, 회의도 비대면으로 하는 것이 일상화되었다. 확실히 직접 얼굴을 보지 않으면 그만큼 상대방의 마음을 움직이기가 쉽지 않다. 좀더 전략적으로 말해야 한다. 상대방의 구미를 확 당길만한 이야기부터 꺼내 주목을 집중시켜야 한다. 그러려면 꼭 기억해야 한다. '약을 팔지 말고 병을 팔아야 한다'는 것을.

바람이 아니라 해처럼 말해야
더 잘 들린다

누구나 알고 있는 이솝 우화 중 해와 바람 이야기이다. 길을 가는 나그네의 옷을 벗기는 것을 걸고 해와 바람은 내기를 한다. 결과는 다 알겠지만 옷을 벗기려고 바람은 계속 강하고 세차게 바람을 불었지만 나그네는 옷깃을 더 여밀 뿐이다. 하지만 해가 따뜻한 햇빛을 비추자 더워진 나그네는 비로소 윗도리를 벗는다. 그래서 해가 내기에서 이긴다는 이야기이다. 결국 사람의 마음을 움직이고 행동하게 하는 힘은 강압적이고 강제적인 것이 아니라 스스로 느끼고 필요에 의해서 행동하도록 유도하는 것이 중요하다는 뜻이다. 그런데 이 교훈은 사람과의 대화에서도 아주 정확하게 작용한다.

쇼호스트들도 각자 성격과 개성이 달라서 방송에서 고객에게 말하는 스타일이 다 다르긴 하지만 주문을 독려해야 하는 순간이 오거나 주문 대기 상황이 오면 대부분 비슷한 톤과 속도로 급하게 말을 한다.

"지금 주문이 너무 많이 밀려서 엄청 기다리세요. 기다리지 마시고 빠르게 주문하세요."

심지어 대기시간이나 대기자 수를 부풀려서 오버하는 경우도 더러 있다. 가령 주문 대기시간이 한 30초 정도면 다음과 같이 이야기한다.

"와, 지금 대기시간이 2분 가까이 되고 있어요. 이렇게 하면 주문하기 힘들어집니다. 자동주문 전화 이용하세요. 기다릴 이유가 없어요."

마치 바람이 나그네의 옷을 벗기기 위해서 바람을 강하게 불듯이 말을 한다. 대부분의 쇼호스트들이 이렇게 얘기하지만 간혹 따뜻한 해처럼 말하는 쇼호스트도 있다.

"아, 지금 대기시간이 너무 오래 걸리는데요. 요즘 고객님들은 엄청 정보에 빠르시고 젊게 사셔서 스마트 폰도 자유자재로 활용하시더라고요. 심지어 동영상도 만드는 분들도 엄청 많잖아요. 그러니 주문도 젊게 하세요. 기다리지 않고 빠르게 가져가시는 고객님이 제일 젊게 사시는 거예요."

역시 듣는 사람 입장에서는 해처럼 말하는 것이 듣기가 좋다. 그리고 주문하면서도 왠지 기분이 으쓱해질 것 같다. 젊고 감각 있게 주문했으니까.

같은 상품을 소개한다 할지라도 상품 구성에 따라서 패키지가 다른 경우가 있다. 이를테면 싱글 구성과 더블 구성, 6박스와 12박스, 3개월과 6개월 등이다. TV홈쇼핑 입장에서는 싱글보다는 더블이, 6박스보다는 12박스가, 3개월보다는 6개월이 가격이 더 나가니까 고객들이 이런 구성들을 많이 주문하면 할수록 매출 목표 달성에 도움이 많이 된다. 그래서 자연스럽게 그 쪽으로 주문 유도를 한다. 그리고 싱글 구성이 10만 원이라면 더블 구성은 양으로는 정확하게 두 배를 주지만 가격은 18만 원 정도로 책정해서 더블을 구매했을 때 약간의 혜택을 준다. 하지만 아무리 두 배를 준다고 해도 10만 원보다는 18만 원이 부담스럽기 때문에 고객 입장에서는 고민을 안 할 수가 없다. 이때 대부분의 쇼호스트들은 방송에서 강한 바람처럼 고객들에게 말을 한다.

"자동주문 번호 1번과 2번이 있는데요. 압도적으로 1번 쪽으로 많이 선택하십니다. 자동주문전화 1번으로 가져가세요."

"2번보다는 1번이 훨씬 조건이 좋은데 왜 2번을 할까요? 무조건 1번으로 하세요. 이미 많은 분들이 가져가셨습니다."

이렇게 강하게 이야기하면 신기하게 그 쪽으로 주문이 몰린다. 상품의 매력도에 따라 현저하게 차이가 나긴 하지만 주로 쇼호스트가 강하게 얘기하는 쪽으로 주문이 쏠린다. 업계 표현을 빌자면 푸시하는 쪽으로 주문이 쏠린다는 얘기다. 대부분의 진행자가 이렇게 강한 푸시만을 한다면 모든 홈쇼핑 채널을 볼 때마다 거의 똑같은 얘기가 들릴 것이다.

그런데 간혹 해처럼 말하는 쇼호스트들이 있다. 그들의 말을 듣고 있으면 왠지 마음이 편해진다.

"고객님은 정말 스마트하시네요. 저희가 말씀도 안 드렸는데 이미 계산 순간적으로 다 끝내시고 고객님 유리한 쪽으로 주문하고 계십니다. 역시 저희보다는 한 수 위십니다.",

"어차피 꾸준하게 오래 드시는 게 가장 내 몸에 가장 좋은 일 하시는 거잖아요. 그걸 저희가 말씀도 드리기 전에 이미 다 계획하시고 주문하시네요. 가장 훌륭한 선택을 하시는 겁니다."

강하게 바람처럼 얘기하는 방법도 통할 수 있어서 10명이면 9명이 거의 비슷하게 말을 하는데, 어쩌다 따뜻한 해처럼 얘기하는 사람이 있다면 기분을 떠나서 귀에도 쏙쏙 들어 올 것 같다. 쇼호스트가 건강기능식품이나 건강기능식품을 소개할 때에도 대부분 아프거나 불편한 얘기만 할 때가 많다.

"위가 좋지 않으면 얼굴 인상부터 어둡게 바뀝니다. 불규칙한 식사, 음주, 폭식, 거기다 간헐적 단식 또 스트레스. 어떻게 보면 이게 다 일상이고 생활 아닌가요? 언제까지 이렇게 사시겠어요?"

"혈관 관련 질병이 무서운 건 일상생활에서 온다는 겁니다. 잘 지내다가 갑자기 오니까 대처가 안 됩니다. 그런데 현실은 나도 모르게 내 혈관은 막혀가고 있다는 겁니다. 이런 데도 아무것도 안 하시겠어요?"

이제는 강한 바람처럼 얘기하는 것뿐만 아니라 가르치려 하는 것 같다. 거의 모든 사람들이 듣기 거북해하는 얘기가 누군가 나에게 가르치려 한다는 느낌이 들 때다. 듣는 사람 입장에서는 필요하다는 건 동의할 수 있겠지만 '저 사람이 나를 가르치려 하네?'라는 생각이 스치면 기분이 나빠지고 사기 싫어진다. 누구나 그렇다. 이럴 때 해처럼 얘기하는 쇼호스트의 말은 느낌 자체가 다르고 저절로 움직이고 행동하게 할 가능성이 높다.

"건강은 건강할 때 지키라고 하잖아요. 지금 고객님의 혈관은 깨끗합니다. 그 깨끗한 혈관 더 깨끗하게 관리하고 싶으시죠? 그래야 혈관도 웃고 나도 웃는 겁니다."

"위가 안 좋다고 해서 내가 무너지는 거 아니에요. 하지만 그 불편을 놔두면 나중에 뒷감당이 어려울 수 있어요. 냉철하고 합리적인 고객님이 판단해 보세요. 불편을 놔 둘 것인지, 아니면 그 불편을 점점 줄일 것인지 말이죠. 다른 건 몰라도 불편 줄이는 건 이게 크게 도와드릴 수 있어요."

단지 재미를 위해 유튜브 동영상을 보는 사람도 많지만 필요한 정보를 찾기 위해 보는 사람들도 많다. 간혹 주로 정보를 전달하는 유튜브 채널에서 유튜버가 너무 가르치는 것처럼 강하게 말하는 모습을 본다. 물론 몰라서, 알고 싶어 동영상을 보는 것이긴 하지만 너무 지나치게 '아직도 이걸 모르니? 이게 모르면 큰일 난다'는 식으로 강하게 말하고 가르치려 들면 더 이상 보기가 싫어진다.

단지 자극을 주는 것이라면 바람처럼 강하게 말하는 것이 좋을 수도 있다. 하지만 자극이 마음을 움직이고 행동으로 이어지길 원한다면 해처럼 이야기하는 것이 효과적인 경우가 많다. 예를 들어 나보다 아랫사람이나 아이가 말을 안 들었을 때 "너 왜 이것 안했어?"로 강하게 다그치는 것보다는 "이걸 아직 안 한거니? 어디 불편한 것 있었어?"로 말하는 것이 훨씬 따뜻하고 마음을 움직일 수 있다.

유튜브와 같은 온택트 플랫폼에서 이야기할 때는 상대방의 반응을 즉각적으로 확인하기 어렵다보니 바람처럼 강하게 말하는 경우가 많은 듯하다. 방송 규제도 없으니 거의 막말에 가까운 날 것 그대로의 거친 말이 나올 때도 있다. 그렇게 말하는 것이 콘셉트일 수 있고, 일시적으로 사람들의 호기심을 자극할 수는 있지만 계속 주구장창 바람처럼 강하게만 이야기하면 어느 순간 사람들이 떠난다. 대면일 때나 비대면일 때나 거부감 없이 오래 듣고 싶어 하게 만들기 위해서는 따뜻한 해처럼 말하는 것이 좋다.

'어른들 말씀'은 통하고, '내가 하는 말'은 안 통한다

아는 지인 중 입만 열면 알고 있는 정보를 쏟아내는 사람이 있다. 어떤 주제로 이야기를 해도 '다른 사람은 다 모르고 자기만 안다'는 전제 하에 아는 척을 한다.

"요즘에는 개인방송하기 쉬워졌어요. 핸드폰으로 찍어도 되지만 좀 더 멋지게 영상을 편집하고 싶으면 스튜디오 빌려서 하면 돼요. 개인 방송하는 사람들을 위한 작은 스튜디오들이 엄청 많아졌거든요."

솔직히 반은 알고 반은 모르는 얘기였다. 그런데도 왠지 모르게 기분이 상해 몰랐던 얘기까지 듣고 싶지 않았다. 그 지인이 그런 식으로 이야기한 것은 꽤나 오래 전부터이고, 몇 번

진심으로 '그렇게 이야기하면 사람들이 싫어한다'고 말해주었는데도 여전하다. 그래서 지금은 아예 만남 자체를 최소화하고, 어쩌다 만나도 짧게 이야기하고 헤어진다. 어떤 이야기를 해도 자기가 아는 이야기로 시작해 가르침으로 끝나니 피곤하고 지루하기 때문이다.

TV홈쇼핑의 쇼호스트들 중에도 비슷한 화법으로 말하는 분들이 있다. 그 지인처럼 가르치는 것처럼 말하지는 않더라도 너무 자기 이야기를 끊임없이, 습관적으로 한다. 상품에 대해 더 쉽고 명확하게 설명하기 위한 시도인 것은 좋지만, 처음부터 끝까지 본인 얘기만을 늘어놓는 건 문제가 있다. 왜냐하면 사람들은 궁금하지 않기 때문이다. '안물안궁'이란 말이 괜히 나왔겠는가? 궁금하지도 않고 알고 싶지도 않은 얘기를 계속해서 늘어놓으면 사람들은 귀를 닫는다. 이건 TV홈쇼핑 채널 시청자 모니터링 보고서에도 나온 얘기다.

더 심각한 것은 '제 이름을 걸고 약속합니다' 혹은 '제가 확실하게 보증합니다' 식의 자기 확신에 찬 말들이다. 이런 경계를 넘어선 말들은 듣는 사람들의 귀를 닫는 것을 넘어서 그들의 얼굴을 찌푸리게 할 수도 있다. 시청자뿐만 아니라 누구도 다른 사람의 이야기에는 관심이 없다. 그것 역시 본능이다. 논란의 여지가 있지만 사람은 기본적으로 이기적이다. 모두들 본인에게만 관심이 있지 주변의 다른 사람들 중심으로 시선을 두는 사람은 거의 없기 때문이다.

이렇게 이기적인 사람들이라 할지라도 자연스럽게 귀가 열리고 시선을 내 쪽으로 돌릴 수 있는 말이 있는데, 그것이 바로 '어른들 말씀'이다. 우리는 흔히 유명인의 말에는 민감하게 반응한다. 특히 내가 몰랐던 말이었는데 공감한다면 더욱 그렇다. 다시 볼지는 모르겠지만 어디다 메모를 하거나 폰에 캡처를 해 놓을 정도로 적극적이다.

우리가 알고 있는 속담이나 격언들도 따지고 보면 '어른들의 말씀'이다. 상대는 내 얘기는 아니더라도 '우리 어머니가 이렇게 말씀하셨어', '아버지가 그러시더라고~'라고 하면 관심을 갖고 귀를 기울인다. 굳이 '동방예의지국'까지 가지 않아도 된다. 아무리 상대에 대해 관심이 없는 사람일지라도, 마음속에는 내 말이 아니라 '어른들 말씀', '제 3자의 이야기' 만큼은 귀를 여는 여유가 있다. 그래서 '라 때는 말이야'가 아닌 '어른들이 이렇게 말씀하셨어', '누가 이렇게 말했지'라고 운을 뗀다면 대화의 분위기는 반드시 달라진다.

상품에 대해서 장점들을 본격적이고 구체적으로 설명하기 이전에 상품의 특징이나 콘셉트 등을 '어른들 말씀' 혹은 '내가 아닌 다른 사람의 이야기'와 연결시켜서 얘기하면 훨씬 부드럽고 매끄러운 소통이 가능하다. 더불어 내 말을 듣는 사람도 거부감 없이 나의 말에 자연스럽게 집중하게 할 수 있는 효과를 거둘 수 있다.

"어른들 말씀 중에 가장 흔하게 들었던 말이 '학문의 길은 끝이 없다. 배워도 배워도 모자라다'입니다. 맞습니다. 그런데 공부는 하면 할수록 끝은 좋지, 양치는 해도 해도 끝이 안 좋을 때가 더 많아요. 손해만 엄청 봤습니다. 그래서 이제는 과학적으로 성분을 보고 치약을 골라야 합니다."〈치약〉

"어른들께서 누군가 사람이 똑똑해 보이면 그 사람은 눈이 달라~ 이러든가, 사람이 아주 뛰어나고 남달라 보이면 눈빛이 형형하다~란 말씀 많이 하시잖아요. 그런데 우리는 우리 눈 관리를 형형이 아니라 아주 흉흉하게 하고 있었어요. 그래서 눈이 남다르게 퇴보합니다."〈눈 건강기능식품〉

"어른들 말씀이 틀린 게 하나도 없어요. 나이가 들수록 몸에 필요한 것들은 점점 줄어들고 필요 없는 것들은 계속 늘어만 간다고 말이죠. 그렇다고 몸에 필요한 것들을 억지로 넣어봐야 해결도 안 됩니다. 결국은 몸이 좋아질 수 있도록 몸 속 환경을 바꿔야 하거든요. 환경이 바뀌면 몸도 바뀝니다."〈프리바이오틱스〉

"어른들께서 늘 하시는 말씀 중에 '절대로 손해는 보지 말아라'가 있습니다. 어릴 때부터 귀가 닳도록 들은 말입니다. 그런데 세월이 흐르면서 자연스럽게 손해를 볼 수밖에 없는 곳이 있습니다. 바로 모발이잖아요. 누구나 다 빠집니다. 이제는 과학으로 손해를 막으세요. 없어져만 가는 머리카락이 거꾸로 달라질 수 있습니다."〈모발 관리 기기〉

꼭 '어른들 말씀'이 아니라 '다른 사람의 말'로 시작해도 괜찮다. 예를 들어 "미모로 대한민국에서 손에 꼽는 어떤 여자연예인이 그러더라고요. 관리 없이 예뻐지는 건 순 거짓말이다. 철저하게 관리를 해야 늘 예뻐질 수 있다고 말이죠" 식으로 말하면 듣는 사람이 귀를 연다.

위의 예시들 모두 '어른들 말씀'이나 '다른 사람의 말'이 아닌 내가 하는 말로 바꿔보면 어떨까? 엄청나게 거만하고 잘난 척 하는 말이 된다. 속된 말로 어감이나 뉘앙스 자체가 '꼰대'도 질릴 법한 지극히 '꼰대'스러운 말로 뒤바뀐다.

안타깝게도 나이가 들면 편협해진다. 온라인 공간에서는 더 편협해지기 쉽다. 컴퓨터가 너무 똑똑해져서 내가 관심이 있어 한번 클릭하면 그와 유사한 주제를 귀신 같이 찾아서 보라고 추천해준다. 계속 비슷한 주제만을 접하다 보면 더 한 쪽으로만 치우칠 위험이 커진다.

편향에 사로잡히면 거의 모든 것을 자신만의 기준으로 판단하고, 자신만의 생각으로 평가하기 시작하면서 '라 때는 말이야~'라는 말이 자동으로 입에서 나오게 된다. 진정한 소통을 원한다면 어떤 상황에서도 절대로 '라 때는 말이야'라는 말을 입에 담아서는 안 된다. 아무리 인격이 훌륭하고, 평소 존경을 많이 받거나 높은 지위에 있다 하더라도 저 말을 하는 순간부터는 보이지 않는 벽이 생기기 때문이다.

결국은 나의 이야기이고 내가 상대에게 주장하고 싶고, 상대가 기억하게 하고 싶은 말이지만, 주체를 내가 아닌 '제3자'로 바꿔서 말을 해보자. 몇 번을 반복해서 말하는 것보다 단 한번의 말로 기대 이상의 효과를 얻을 수 있다. 본인 이야기 말고 다른 사람 이야기를 해야 한다. 그 다른 사람들이 나와 상대보다 어른이라면 더더욱 좋다. 누구나 어른들을 존경하는 것은 아니지만 삶의 경험이 많은 어른들의 공통적으로 하는 말씀에는 공감할 여지가 많기 때문이다.

나는 몰라요.
하지만 당신은 더 잘 알지요?

인터넷에서 '프레젠테이션을 망치는 10가지 방법'을 검색하면 재미있고 의미 있는 내용이 나온다. 프레젠테이션이나 중요한 발표, 혹은 강의를 해야 하는 상황이라면 꼭 알아둘 필요가 있는데 그 10가지 방법은 이렇다.

① 자신이 무엇에 대해 말할 것인지 아주 긴 시간을 들여 설명하는 사람. ② 느리고, 연속적으로 말하는 사람. ③ 스스로 얼마나 중요한 사람인지 은근히 과시하는 사람. ④ 스스로 쓴 책이나 자료를 반복해 인용하는 사람. ⑤ 들쑥날쑥한 크기로 쓰인 문장들을 발표용 슬라이드로 꽉 채운 사람. ⑥ 전문가로 보이기 위해 기술적 전문 용어나 은어를 쓰는 사람. ⑦ 자신이 속한 회사의 역사와 성과에 대해 길게 설명하는 사람. ⑧ 리허설 따위는 하지 않는다. 자신의 발표가 실제 상황에서 시간이

얼마나 걸릴지 체크하지 않는 사람. ⑨ 대본대로 외운 내용을 암송하는 투로 얘기하는 사람. ⑩ 청중 누구와도 눈을 마주치지 않는 사람.

보는 순간 공감이 갔다. 10가지를 한마디로 종합하면 '상대의 마음을 고려하지 않은 채 자기 잘난 것만 말하거나 본인의 것만 강조하지 말라'는 얘기다. 그럼 상대를 먼저 나보다 위로 올리고 말을 한다면, 어떤 사람이라도 편하게 내 말을 들어주고 기억해 주지 않을까? 그렇다. 일단 성공적인 프레젠테이션은 아니더라도 반 이상은 먹고 들어갈 수 있다.

그런데 TV홈쇼핑을 보다 보면, 이 10가지에 정확하게 해당하지는 않더라도 쇼호스트가 지나치게 본인의 얘기만을 강조해서 오히려 방송을 보는 사람들이 자칫 거북하게 생각할 수 있는 경우가 왕왕 있다. 많은 매출을 올리겠다는 과한 욕심 때문에 자신의 생각이나 판단을 강하게 강요하는 스피치 스타일이다.

"제가 탈모 유전자가 굉장히 강하거든요.(본인

가족사진을 보여주며) 확률적으로 저도 100% 빠져야 합니다. 제가 28세 때는 이 샴푸를 쓰지 않았거든요. 그때 많이 벗겨졌었어요. 10년 전보다 지금 모발이 더 건강해졌어요. 제가 한 건 아무것도 없어요. 머리만 잘 감았어요. 좋은 샴푸를 만난 거 그거 하나에요."

방송 심의상으로도 매우 적절치 않은 말들이지만, 실제 쇼호스트의 저런 말을 들으면서 '아 정말 좋은 샴푸로구나!'라는 생각이 들 확률은 매우 낮아 보인다. 오히려 누가 들어도 샴푸를 '무작정 많이 팔려고 별 소리를 다하는구나'라는 생각만 들 것 같다. 그런데 여기서 한 술 더 뜬다.

"근데 이 샴푸를 만나고 나서부터, 저는 옛날에 꿈도 많이 꾸었거든요. 머리털 빠지는 거. 그런 꿈을 꿔 본 적이 한번도 없습니다."

탈모 때문에 적지 않은 고민을 하는 사람들이 봤다면 무지하게 기분이 상했을 수도 있는 위험한 말이다. 샴푸 하나로 탈모 고민이 해결된다면 지금 대한민국에서 탈모 때문에 마음고생 하는 천만 명은[6] 뭐란 말인가? 상대를 전혀 고려하지 않은

---

6 탈모 인구 천만 명 추산....나도 젊은 '탈모' 환자?' YTN 2019.10.06

자기 확신에만 가득 찬, 매우 용감하게 넘치는 자신감으로 말한 것은 칭찬할 만하나, 적절한 스피치 방법으로는 매우 부적절해 보인다.

그럼, 위의 말을 이렇게 바꿔서 얘기한다면 어떨까?

"제가 사실 탈모 유전자가 굉장히 강하거든요.(본인 가족사진을 보여주며)그래서 저도 모발을 위해서 뭐라도 해야 하니까 지푸라기라도 잡는 심정으로 이 샴푸를 선택해서 꾸준하게 쓰고 있습니다. 그런데 저는 잘 모르겠어요. 하지만 주위에 이 샴푸 얘기만 나오면 표정이 밝아지는 분들은 많더라고요. 그러니까 지금까지 큰 사랑을 받고 있겠죠? 아무튼 저는 그때부터 이 샴푸와 매일매일 만납니다. 저보다는 고객님들께서 이 샴푸를 더 잘 아시고 사랑해주십니다."

무조건 "이거 좋습니다! 저를 보세요! 저처럼 당신도 걱정을 지우세요!" 식의 말보다는 훨씬 부드럽고, 훨씬 잘 들린다. 본인의 주장을 넣지 않았기 때문에 훨씬 객관적으로도 들린다. 모르긴 해도 적어도 '그래? 계속 들어보자'는 생각은 들게 한다. 더구나 말을 하면서 머리카락 풍성한 본인의 모습이 그대로 화면에 나올 테니 효과에 대해서 굳이 얘기할 필요도 없다. 목청 높여 '무조건 이건 좋습니다. 어서 사세요!'를 외쳐 봐야 말하는 사람 목만 상하고 몸만 지칠 뿐이다.

이렇게 상대를 배려하지 않은 채 본인의 주장만을 지나치게 강조하는 말투는 TV홈쇼핑에서 어렵지 않게 들을 수 있다.

"여러분 효과가 확실합니다."
"이 제품은 쓰면 쓸수록 피부가 땅땅해지는 걸 느껴요."
"피부가 뭔가 딴딴해지고 약간 탄탄해지니까~"

심지어 말하는 사람의 상식까지 의심하게 되는 위험한 말까지 들은 적도 있다.

"노인 분들은 가만히 있어도 유해균이 늘어나요."

이 말을 들었을 때 나도 모르게 한마디가 입에서 나왔다.

"노인 분들이 너 말을 듣고 더 안 살 것 같다. 너는 언제까지 안 늙나 보자."

요즘에는 TV홈쇼핑뿐만 아니라 유튜브에서도 이런 말투로 이야기하는 사람들을 간혹 본다. 만약 제품을 써보고 리뷰해주는 채널들이 그런 식으로 말한다면 그야말로 역효과가 나기 쉽다. 협찬을 받는 채널이면 더더욱 위험하다.

아무리 효과가 확실하고 자신이 있다 해도 나의 주장만을 말하거나 내 얘기를 지나치게 강조하면 상대는 귀를 닫는다.

대신 나를 살짝 감추고 다른 사람의 주장인 것처럼, 다른 사람이 말한 것처럼 표현하면서 상대를 높여준다면 훨씬 매끄럽게 상대의 귀에 들어간다. 사람 마음이 똑같다. 누가 나에게 '너 이거 알지? 이거 좋으니 꼭 써'라고 얘기하면 본능적으로 거부감이 살짝 든다. '네가 나를 알아? 내가 네 말을 왜 들어야 하는데?' 그런데 '누가 이거 좋다고 하더라. 내가 어렵게 구했으니 너도 한번 써봐. 효과는 네가 더 잘 알잖아'라고 얘기하면 '정말? 그럼 써볼까?' 하는 마음이 들 수 있다.

내가 무엇이든 좋다고 써보라고 강요나 주장을 덜하면 덜할수록, 나는 잘 모르는데 남들이 그러더라 식으로 말을 돌려서 겸손하게 표현하고 상대의 입장을 존중해 줄 수 있다면 일단 상대의 호기심은 자극할 수 있게 된다. 그러면서 내 말에 더 집중하게 되고 설득의 효과는 더 커질 가능성이 높아진다.

마음을 편하게 해주는
한마디 '때문이야'

박신영의 '기획의 정석'이라는 책에는 두고두고 잊지 못할, 교과서보다 더 교과서 같은 효과적인 커뮤니케이션 스킬이 있어 소개할까 한다. 그녀가 새벽까지 일을 하고 지친 몸을 이끌고 퇴근할 때, 이럴 때는 누군가 수고했다고 따뜻하게 위로해 주면 좋으련만 그녀 곁에는 아무도 없다. 바로 그때 버스 정류장에서 유연히 본 광고판의 글을 보고 눈물을 또르륵 흘렸다고 한다.

당신은 제법 괜찮은 사람인데
왜 아직 인연을 못 만난 걸까요?
그건 아마, 신이 세상을 너무 크게 만들었기 때문일 겁니다.

너무나 큰 위안이 된다. '그래 맞아. 내가 아직까지 인연을 만나지 못한 건, 내가 못나서가 절대 아니야. 세상이 너무 넓고 크기 때문이야! 내가 왜 풀이 죽어야 돼? 세상이 큰 게 문제지'라고 생각이 바뀐다.

박신영을 위로했던 그 광고는 유명한 결혼 중개 회사의 광고 카피다. 저 광고 이후로 상당한 매출을 일으켰고 지금도 많이 회자되는 전설적인 광고로 남아있다. 뭔지는 몰라도 솔로라면 저 카피에 상당한 위안을 받고 한결 몸이 가벼워진다. 왜? 나한테 문제가 있는 게 아니니까. 문제는 넓은 세상 탓이니까.

이렇게 핑곗거리 하나로 몰아서 마음의 위로를 받는 경우는 일상생활에서 수도 없이 많지만, 기억나는 한 가지를 소개하자면 이렇다. 영국 프리미어리그(EPL)의 명문 구단 맨체스터 유나이티드는 알렉스퍼거슨 감독의 은퇴 이후 계속해서 성적 침체를 겪은 후 과감히 명장 조셉 뮤리뉴 감독을 영입한다. 명장을 영입했으니 맨유의 팬들은 당장이라도 우승할 것처럼 뮤리뉴 감독을 환영했다.

하지만 그도 맨유에서는 능력 발휘가 안됐는지, 운이 다 했는지 좀처럼 중상위권에서 선두권으로 치고 나가지 못하고, 오히려 연패를 거듭하는 등 성적부진에서 벗어나지 못했다. 그러던 중 극적인 역전승을 이루고 나서 뮤리뉴 감독이 기자 회견장에서 한 말이 꽤 인상적이었다.

"내가 런던에 갔을 때 비가 내리면 그게 다 나 때문이라고 한다. 브렉시트 협상이 잘못돼도 다 나 때문이라고 한다."

한마디로 '왜 나만 갖고 그래~!'다. 사실 맨유가 성적이 부진한 이유는 굳이 감독이 아니더라도 여러 가지가 있을 수 있다. 상식적으로 생각해도 그게 맞다. 하지만 맨유의 팬들은 오로지 한 사람, 하나의 핑계로 모든 걸 합리화하려고 했다(결국 그 감독은 오래 버티지 못하고 사임하고 말았다).

"다 감독 때문이야!"

듣는 감독은 서운하고 억울하겠지만, 맨유를 사랑하는 모든 사람들은 마음이 편해진다. 분명한 핑곗거리가 생겼으니까 말이다. 생각해보면 중세 서양의 마녀 사냥도 그렇고, 지금까지도 언론에서 횡행하고 있는 마녀 사냥 식의 보도도 다 '너 때문이야!' 식이다. 뭔가 안 좋은 일이 생기면, 일단 핑계를 만들어 놓고 핑계대상을 무차별로 공격하고, 그 대상이 세상에서 사라지면 그걸로 모든 걸 해결한 것으로 여긴다. 그리고는 잊어버린다. 인간이란, 나도 마찬가지지만 얼마나 잔인하고 비합리적인 존재인지.

모든 것은 양면성이 있듯이 '~때문이야'라고 말하는 핑계 만들기 화법을 잘 사용하면 듣는 사람의 마음을 편안하게 만들어주고 때로는 마음을 움직일 수 있다. 홈쇼핑에서 198,000

원짜리 무선청소기를 팔 때 이 핑계 만들기 화법으로 기대 이상의 매출을 올린 적이 있다.

그 무선청소기는 사양이 괜찮았다. 무선청소기는 배터리 용량이 생명인데 14.4V면 집 청소로는 무난하다. 무게도 가볍다. 그런데 가격이 20만 원이 안 된다. 무지하게 저렴한 가격이다. 방송 때 '저렴한 가격'만을 강조해도 이 정도면 기본 이상은 한다. 그런데 여기서 잠깐, '과연 싸다고 이 청소기를 살까?'를 고민해 봤다.

1. 집에 유선 청소기는 있다.(없는 집이 없을 정도)
2. 가격대가 저렴하긴 하다.(하지만 20만 원)
3. 사면 집에 청소기가 두 개인데? 하나도 제대로 안 쓰는 걸 두 대가 필요한가?
4. 청소는 늘 해야 하지만 자주 하지는 못한다.
5. 저게 있으면 편하게 청소할 수는 있을 것 같다.
6. 또 사? 그냥 있는 것 써?

이런 고민을 하다가 가격을 보고 산다면 좋겠지만, '에이 집에 하나 있는데 뭐 하러 또 사냐~'는 생각이 드는 순간 채널은 돌아간다. 그렇게 부정적으로 고민하는 사람들의 눈과 귀를 잡아야 한다. 바로 이럴 때 핑곗거리가 주효했다.

사람들이 청소를 하는 과정을 떠올려 봤다. 일단 청소를 하기 전에 코드를 찾아야 하고, 줄을 꽂고, 얼추 늘인 후에 청소를 해야 한다. 청소하기 전에 이미 3단계의 작업을 거치는 셈이다. 청소를 끝내고도 역순으로 작업해서 마무리를 해야 하고 보관까지 따로 해야 한다. 청소도 귀찮은데 선 정리는 더 귀찮다.

"그래! 줄 때문이네, 줄 때문에 청소하기가 귀찮은 거였어!"
"내가 게을러서 청소를 안 한 게 아니에요. 줄만 없으면 게을러질 수가 없어요. 우리 집은 왜 이렇게 더러울까? 내가 잘못한 게 아니에요. 그 동안 청소기가 잘못한 거예요."
"집이 아무리 좁아도 구석구석 청소하려면 여기저기 옮기면서 전기 코드를 찾아야 합니다. 줄만 없애세요. 집이 아무리 넓어도 어디든 편하게 청소가 됩니다. 줄 때문에 청소가 힘든 거예요."
"이게 다 줄 때문에 그렇습니다. 유선 청소기가 나쁘다는 게 아니에요. 하지만 청소할 때 마음의 부담을 줍니다. 줄 때문에 그래요. 일단 청소하기 전에 꽂을 곳부터 찾잖아요. 청소해야 하는데 줄 꽂을 곳부터 찾으니 짜증이 나죠. 다 줄 때문이에요."

사람들이 피곤한 이유는? '간 때문이야!' 너무나 쉽게 대답이 나온다. 사실 간 때문만은 아닌데도 불구하고 간 하나로 모든 게 정리된다. 박신영은 그의 책에서 이렇게 정의했다.

사람은 '왜 이것이 필요하지?'라는 질문에 '단지 이것이 없기 때문이야'라고 제시하고 핑곗거리를 만들어 줘야 한다. 핑곗거리가 명확하고 단순할수록 사람들은 안심하게 되고 지갑을 연다.

쉽게 말하면 이렇다. "아 맞아~ 그랬었지. 바로 그거였네" 하며 편안하게 받아들일 수 있는 핑곗거리를 찾아야 한다. 물론 자신의 실수를 합리화시키거나 모면하기 위해 핑계 만들기 화법을 악용해서는 안 된다. 청소하기 싫은 걸 청소기 줄 탓으로 돌리고, 내가 솔로인 게 너무 큰 세상 때문이라는 정도의 핑계여야 한다. 핑계 때문에 피해를 입는 사람이 없으면서도, 재치 있게 웃고 넘어갈 수 있는 정도의 핑곗거리를 찾을 수 있다면 사람들의 마음을 따뜻하게 만들어주고, 사로잡을 수 있다.

'중심'에 꽂힌다

'속 빈 강정'이라는 말이 있다. 겉만 그럴 듯 하고 아무 실속은 없다는 뜻이다. 결코 좋은 뜻으로는 사용하지 않고 누구든 이런 말을 들으면 발끈하기 쉽다. 이와는 반대로 누구나 한번 들으면 입 꼬리가 지긋이 올라가는 칭찬이 있다.

    '그 사람은 속이 꽉 찬 사람이야.'

말 그대로 야무지고 단단한 사람이다. 가만히 보면 나뿐만 아니라 거의 모든 사람들은 속이 빈 것 보다는 무엇이 됐든 속이, 중심이 꽉 차 있는 걸 좋아한다. 그래서 사람들은 본능적으로 '중심'이라는 단어를 좋아하는 것 같기도 하다. 그도 그럴 것이 '중심 상권'은 있어도 '주변 상권'은 없다. 누구나 '중심 인물'이 되고 싶어 하지 '주변 인물'이 되고 싶어 하지 않는 것도 같은 맥락이다.

TV홈쇼핑에서 '눈'과 관련한 건강기능식품은 참 히트하기 어렵다. 일단 평소 눈에 대해 관심이 없다. 스마트 폰 등 디지털 기기 때문에 지나치게 많이 눈을 사용함에도 불구하고 그렇다.

'눈' 하면 그냥 자동적으로 루테인을 떠올린다. 실제로 누구든지 '어 이상하다. 요즘 눈이 침침해~'라고 말을 하면 옆에 있는 사람은 무덤덤한 표정으로 '루테인 먹어~'라고 아주 쉽게 말한다. 그만큼 루테인을 먹으면 눈이 좋아질 거라는 막연한 인식이 머리 어딘가 깊숙하게 박혀 있다. 그럼에도 눈 건강은 언제나 우선순위에서 밀린다. 피부나 외모 관리에는 엄청난 돈을 투자하면서도 눈 관리에는 영 관심이 없으니 당연히 TV홈쇼핑에서 히트할 수가 없다.

그런 와중에 어느 해 겨울, 눈 건강기능식품을 맡아서 방송하게 됐다. 이름은 '루테인 지아잔틴164'. 그 동안 회사에서 눈 관련한 건강기능식품을 3~4개 정도 진행했었는데 모두 실적이 좋지 않아서 이번에도 대부분의 반응은 '역시 눈 관련한 건 안 돼. 이번에도 별 일 있겠어?' 하는 식이었다. 상품 관련 첫 미팅을 했는데 분위기가 예상대로 좋지 않았다. 상품을 기획하는 MD는 눈을 굴리며 눈치를 보고 있고, 제조사 담당자도 마찬가지. 그리고 PD도 표정이 좋지 않았다.

논의 끝에 '황반 변성'을 위협 소구[7]로 해서 상품 소개를 하자는 콘셉트로 방송을 진행하기로 했다. 그런데 문제는 대부분의 사람들이 '황반'이 무엇인지 모른다는 것이다. 나도 말만 들었지 정확하게는 모르고 있었다. 그러니 황반변성은 더 알 수가 없다.

미팅 전에 타사에서 한 방송을 잠깐 모니터했는데 그 쪽 역시 눈 모형을 꺼내 놓고 황반을 얘기하며 '황반변성'의 위험성에 대해서 말을 할 뿐이었다. 그러니 당연히 소귀에 경 읽기였다. 예상대로 매출이 별로였다고 한다. 답답한 마음에 상품 자료를 읽고 있는데 눈에 띄는 글이 하나 있었다.

황반의 구성물질: 중심은 지아잔틴 주변은 루테인.

'어라? 황반이 뭔지는 모르겠는데…… 루테인 말고 또 무언가가 있네? 루테인이면 다 되는 것 아니었어? 심지어 주변이야? 중심이 따로 있었다고? 그럼 루테인만 먹으면 주변만 관리한 거였네?'

이로써 아주 새로운 콘셉트가 정해졌다. 보기만 해도 교육 방송 같은 기존의 안구 모형을 과감히 빼고 새로운 패널을 제

---

[7] 수용자에게 공포감을 불러일으키거나 위협할 목적으로 매스 커뮤니케이션에서 사용하는 기법.

작했다.

그리고 방송에서는 '중심'의 중요성에 대해서, 그리고 우리가 눈에 관한 한 중심을 아예 모르거나 중심을 놓치고 관리했다는 코멘트를 만들어 집중적으로 방송했다.

"교육의 중심시, 경제의 중심지, 이런 말은 좋아해두 교육의 주변부, 경제의 주변부라고 하면 눈길도 안줍니다. 눈 관리를 그렇게 하고 있었어요."

"카메라에 렌즈가 없어요. 그건 카메라 아니죠. 공기청정기 안에 필터가 없어. 그건 청정기 아니죠. 고철이죠. 팬티에 고무줄이 없어. 그건 그냥 수건이죠. 가장 중요한 중심이 빠졌는데. 눈도 중심부터 잡아야 합니다."

"사람을 칭찬할 때 그 사람은 본질을 꿰뚫어 보고 있어~라는 말을 하면 어마어마하게 똑똑한 사람이라는 얘기잖아요. 본질을 꿰뚫어 본다는 건 핵심을 잘 알고 있다. 핵심을 놓치지 않는다는 말이잖아요. 눈 건강관리도 역시 핵심이 뭔지 알아야 하지 않겠어요?"

이제 이 상품은 현재 TV홈쇼핑에서 히트하고 있는 상품이 됐다. 왜? 사람들이 좋아하는, 그리고 관심을 끄는 그 단어, '중심'을 부각하면서 그 '중심'을 놓치고 있었다고 '결핍'과 '손해'를 자극했으니 듣는 사람 입장에서는 귀가 커질 수밖에.

어쩌다 동네 약국을 가면 눈 건강기능식품 광고지가 보이는데 이제 그 광고지엔 '루테인'이 아니라 '지아잔틴'이라는 글이 제일 크게 인쇄되어 있다. 이제 확실하게 정확한 건강 상식을 심어 놓은 것 같아서 뿌듯하기도 하다. 그렇다고 눈 건강에 황반만이 가장 중요한 기관인 것은 분명히 아니다. 그러나 눈에 있어서 가장 먼저 떠올리게 되는 중심으로 자리 잡은 것은 확실해 보인다.

'중심'이라는 단어는 그 자체로 사람들의 귀를 열기에 충분하다. 중심은 곧 핵심이라는 의미인데, 사람들은 무엇이든 '중심'을 놓치거나 '중심'이 없는 걸 알게 되면 크게 당황하고 그 중심을 메우려 애쓴다. 그래서 '중심'이라는 단어가 사람들의 귀에 잘 꽂히는 것 같기도 하다.

'최고', '최선'보다 '정확'에 끌린다

'중심'과 '핵심'이 빠진 채로 눈 건강관리를 하고 있다는 콘셉트로 눈 건강기능식품이 연일 히트하면서 순탄한 길을 걷고 있었다. 이미 다른 종류의 눈 건강기능식품과는 매출에서 압도적인 차이를 보이면서 확실하게 자리를 잡는 듯했다.

그런데 TV홈쇼핑 방송의 특성상 한번 매출이 어느 정도 궤도에 오르면 편성이 잦아진다. 편성이 잦으면? 당연히 방송 노출도 많아지고 고객 입장에서는 본 것을 또 보게 되니 아주 대단한 히트 상품 아니고서는 매출 하락을 이겨내기 힘들다. 이 눈 건강기능식품도 잦은 노출과 매출 하락의 악순환을 이겨내지 못하고 조금씩 성적이 떨어지고 있었다. 당연히 '중심', '핵심' 외에 또 다른 콘셉트가 필요한 상황이었다.

그러다가 운전하다 라디오에서 '나보다 느리게 가는 사람은 멍청이고 나보다 빨리 운전하는 사람은 미치광이다.'라는 말을 들었다. 순간 무릎을 쳤다. 아하! 그거였구나. 뭘 하든 내가 하는 건 가장 정확한 것이고 남들은 부정확하게 한다고 생각하는구나. 그리고 그렇게 생각하기 때문에 '정확'이라는 말에 대해서 스스로 강한 의무와 책임을 느끼고 예민하게 반응한다는 데 생각이 미쳤다.

바로 '정확한 눈 건강관리'라는 주제로 코멘트를 만들기 시작했다. 일단 또렷한 콘셉트가 정해졌기에 말을 만드는 건 순식간에 이뤄졌다.

"자외선 강할 때 피부 관리는 빈틈없이 하는데 정작 피부보다 더 중요한 눈 관리는 허술하기 짝이 없어요. 정확한 방법을 모르니까 허술할 수밖에요."

"요즘 몸매 관리 위해서 근력 운동이나 필라테스, 요가 하시는 분들 많으시죠. 이런 것들 할 때 제일 중요한 게 정확한 자세잖아요. 안 그럼 다칩니다. 몸만 상해요. 그래서 눈 관리도 정확하게 하는 게 제일 중요합니다."

"눈 건강관리 하세요? 물어보면 대부분 한다고 합니다. 그럼 어떻게 하세요? 하면 '뭐가 좋다고 해서 그냥 그거 먹어' 이게 끝이잖아요. 정확하게 아는 분들이 그다지 많지 않습니다. 좋은 방법이 아니죠."

"건강 상식이란 게 많이 안다고 중요한 게 아닙니다. 하나를 알더라도 정확하게 아는 게 더 중요하지 않겠어요? 더구나 눈이라면 더할 나위도 없죠. 그런데 그 중요한 눈 관리방법을 대충 알고 있었어요."

"눈 관리방법이 새롭고 놀라운 사실이 있었던 게 아니었습니다. 정확한 방법을 우리가 몰랐을 뿐이에요. 그러니 더 허탈하죠. 그러니 시력이 더 허탈해질 수밖에요."

가만히 보니 우리가 눈을 뜨고 눈을 감을 때까지 모든 행동들이 이 '정확'과 관련 없는 것이 없었다. 그러니 더 쉽게 코멘트를 만들 수 있었다. 심지어 잠자는 방법도 정확한 방법이 필요하다! 결국 기존에 갖고 있었던 '중심', '핵심'과 더불어 '정확한 눈 관리방법'을 섞어서 방송 진행을 하니 다시 매출이 오를 수 있었고, 눈 건강기능식품에서 독보적인 자리를 차지할 수 있었다.

'정확한 방법'. '정확'이라는 말의 뜻을 모르는 사람은 단 한 명도 없다. 하지만 이 말이 갖고 있는 어감의 세기는 잘 모를 수 있다. 그 세기가 어느 정도인지 측정할 수도 없고, 굳이 알 필요는 없다. 하지만 내가 생각했던 것보다 훨씬 강하고, 다른 사람도 '정확'에 대해서 아주 민감하게 반응할 수 있다는 걸 알아두면 상대방에게 내 말을 잘 전하고 싶을 때 유용하게 사용할 수 있다.

사람들이 '최고' 혹은 '최선'이라는 말을 좋아하는 것 같지만 내 경험으로는 '정확'이 더 잘 먹힌다. 최선을 다해도 언제나 결과가 좋은 것은 아니다. 또한 최고가 되고 싶다고 다 최고가 될 수 있는 세상도 아니지 않던가.

하지만 '정확'은 다르다. 무엇이든 정확한 방법으로 하면 성공할 확률이 높아지고, 비록 최고는 아닐지라도 '정확'한 사람으로 존중받고, 스스로도 만족할 수 있다. 그래서 '정확'이라는 단어를 사용하면 사람들이 자기도 모르는 사이에 집중하게 되는 것 같다.

'콕' 짚어 말하지 않아도 **들려요**

대한민국 성인 중에서 '내 몸은 항상 생기가 넘치고 젊어!'라고 자신 있게 외칠 수 있는 사람이 몇이나 될까? 반대로 얘기하면 누구나 늙는 것에 대해서 지나치게 두려움을 갖고 있다는 말이 된다. 이 정도 얘기는 굳이 설문조사나 통계를 찾지 않아도 스스로 느끼고 있다. 실제로 나는 20대 후반의 여성이 스스로 늙었다고 푸념하는 것도 들은 적이 있다. 나 역시 매일 거울을 볼 때마다 똑같은 생각 때문에 의기소침해지기도 한다.

오프라인에서 암환자들의 치유식으로 상당한 인기를 끌고 있는 식품으로 생식이 있다. 이 생식 하나만으로 오프라인에서 절대 강자의 위치에 있는 브랜드가 TV홈쇼핑에 입성했다. TV홈쇼핑의 특성상 '암 환자들이 치유식으로 먹는다'는 말은 절대로 할 수가 없었다. 그냥 '다들 아시죠?' 정도로만 표현이 가능하다.

그래서 메인 콘셉트는 '화식은 영양소가 많이 파괴되니 영양소가 살아있는 생식을 드시라. 이 생식은 48가지 국내산 채소, 곡류, 과일에 우리나라에 없는 좋은 성분(팔라티노스 등) 6가지를 첨가하여 동결 건조한 것이다. 싱싱하고 몸에 이로운 것들을 날 것 그대로 드시는 거다'로 정했다.

꾸준하게만 먹는다면 이 생식은 정말 몸에 좋을 수밖에 없다. 생각해 보시라. 인스턴트, 육식에 길들여져 있는 우리는 하루에 먹는 채소라 봐야 손에 꼽는다. 그러니 당연히 몸에 좋을 리가 없고 노화는 빠르게 진행된다. 노화는 무서워하면서도 먹는 것만큼은 반대로 행동하는 것이 우리 아닌가?

누구나 인정할 정도로 상품력은 상당히 좋았다. 화(火)와 생(生)식을 비교한 후, 결국 생식이 월등히 좋다는 이야기로 풀어갔지만 론칭 방송 후 계속해서 안 좋은 성적이 이어졌다. 오직 고객이 상품을 보고 건강의 이미지를 느껴야 하는데 홈쇼핑의 특성상 몸 어디어디에 좋다고 직접적으로 이야기할 수 없으니 시청자들이 정말 건강에 좋은지 바로 알아차릴 수 없다는 한계가 있었다.

그렇게 답답한 상황이 계속 이어갈 때 즈음, 서울 강남권 일대에서 '쥬스 바' 열풍이 불고 있었다. '강남 창업 0순위 쥬스 바'라는 말이 돌 정도로 20~30 직장인들이 미용과 건강을 위해서 아낌없이 돈을 투자하는 바람이 불었다.

젊음을 유지하기 위해서, 더 젊어지고 싱싱해지기 위해서 그 비싼 주스를 마시는데 가만히 보니 주스 바에 들어가는 채소 과일은 고작해야 한두 개 정도, 많아도 세 개 이상 들어가지 않는다. 그에 비해 생식은 생식 한 포에 들어가는 채소 과일 수도 월등히 많고 당연히 몸에 좋은 성분들이 주스 바의 주스와는 비교도 할 수 없을 만큼 많다. 그런데 왜 사람들이 몰라줄까?

젊은 여성들이 그 젊음과 생기를 유지하기 위해서 생과일, 생채소 주스를 마신다? 이 생식도 그렇게 표현하면 되지 않을까? 누구나 시간을 되돌릴 수 없는 건 인정하지만 내가 하염없이 늙어가는 건 죽어도 인정 못한다. 그 절실한 마음을, 몸의 시간을 되돌리고 싶은 마음을 콕 건드리면 달라지지 않을까? 안 그래도 매일 피곤하고 몸은 푸석푸석한데, 뭐 돌파구가 없을까?

그러다 문득 '그린라이트'라는 단어가 떠올랐다. 꼭 젊음, 노화, 건강이라는 단어를 쓰지 않아도 '내 몸의 그린라이트'라고 말하면 자연스럽게 젊음과 건강을 떠올릴 수 있다는데 생각이 미쳤다.

'안되면 말고'라는 마음으로 코멘트를 정리하기 시작했다. 대놓고 "생식을 먹으면 젊어질 수 있어요!"라고 말을 못하니까 '저걸 먹으면 내 몸이 훨씬 젊게, 파릇파릇하게 달라질 수 있겠구나!'를 느낄 수 있게 하는 것이 포인트다. 48가지 과일,

채소, 곡류의 장점과 영양 성분을 충분히 설명하고 난 후, 중간 중간에, 혹은 마무리 할 때, 또는 시작할 때마다 다음과 같은 말들을 했다.

"내 몸은 이미 사막화 된 지 오래입니다. 통계가 있어요. 과일 채소를 제대로 먹는 대한민국 사람은 10명 중에 한 명 밖에 안 돼요. 거기다 평소에 얼마나 기름기 많은 걸 먹어요. 몸이 당연히 퍼석퍼석해집니다. 그 몸에 생기를 넣어야죠. 그래서 이름도 생식이에요."

"고기나 맵고 짠 거, 인스턴트식품 많이 먹으면 내 몸에 빨간 불이 켜집니다. 생식을 먹으면 몸에 생기가 돌면서 내 몸에 그린 라이트가 켜집니다. 어떤 걸 선택하시겠어요?"

"내 몸은 퍼석퍼석 먼지만 날리고 있습니다. 이럴 때 몸에 생기를 불어 넣어주세요. 그런 게 바로 청춘의 몸 아니겠어요? 운동보다도 무엇을 먹느냐에 따라 내 몸의 신호등도 달라집니다."

"과로 스트레스, 육식, 화식 많이 하면 몸이 어떻게 됩니까? 흔한 말로 쩐다고 하죠. 쩔어 있는 내 몸을 깨끗하게 해서 다시 깨워야 합니다. 그 주인공을 보고 계신 거예요."

"건강한 몸에 건강한 정신이 깃든다고 하잖아요. 요새는 바뀌었습니다. 깨끗한 몸에 깨끗한 정신이 들어옵니다. 몸을 깨끗하게 하는 것 샤워나 목욕에 달린 것이 아니라 먹는 것에 달려 있어요."

어떤가. 뭔가 내가 내 몸에 잘 못하고 있는 것 같기도 하고, 생식이야말로 내 몸을 바꿀 수 있는 터닝 포인트가 될 것 같다는 자극이 오는지. 대놓고 장점을 늘어놓아서 상대의 태도를 바꾸려고 하는 것보다는 상대가 스스로 길을 찾아 깨닫고 행동할 수 있게 유도할 수만 있다면 그야말로 가장 훌륭한 설득이라고 할 수 있다.

대학 시절 책도 많이 읽어 박학다식하고 글 쓰는 것도 좋아했던 선배가 어느 날 불쑥 질문했다.

"석현아, 만약에 네가 사랑에 관해 글을 쓴다고 치자. 그럼 사랑에 대해 가장 잘 쓴 글을 어떤 글일까?"

선뜻 대답을 못하고 우물쭈물하면서 눈치만 보고 있는데 선배는 덤덤히 말했다.

"만약 네가 사랑에 대해 글을 쓸 때, 단 한번도 '사랑'이라는 말은 쓰면 안 돼. 하지만 어떤 사람이 그 글을 읽어도 '이 글은 사랑에 대해 쓴 글이구나'를 확실하게 느낄 수 있을 때 비로소 잘 쓴 글이라고 할 수 있지."

말도 비슷하다. 보통은 주제를 직접적으로 표현하는 단어를 핵심 키워드로 말하지만 때로는 에둘러 표현하는 것이 더 잘 들릴 수 있다. 사랑이란 단어를 쓰지 않고도 사랑에 대해 쓴 글임을 알 수 있듯이 말도 젊음이나 건강이란 단어 대신 '그린라이트'라는 단어로 얼마든지 젊음이나 건강을 떠올릴 수 있게 할 수 있다. 고전을 면치 못했던 생식은 '노화'에 대한 두려움과 '젊음'에 대한 욕구를 에둘러 표현하면서 단박에 침체를 벗어날 수 있었다.

   그 일이 있고난 후 나는 직접적이지 않으면서도 많은 개념을 포괄할 수 있는 키워드를 종종 고민한다. 물론 쉬운 일이 아니다. 무언가의 특징을 설명하기는 그리 어렵지 않지만 그 많은 특징을 한마디로 압축할 수 있는 건, 그것도 노골적이지 않고 포괄적이면서도 강한 한마디를 찾기란 무척 힘든 일이다. 그럼에도 찾아낸다면 하고 싶은 말을 효과적으로 전달할 수 있으니 많은 뜻을 함축하고 있는 그 한마디를 찾는 걸 게을리 할 수는 없다.

균형이 안 맞아요

야구에서 약한 팀이 보여주는 공통된 특징은? 투수와 타자의 불균형이다. 축구도 마찬가지. 아무리 메시 호날두가 같은 팀에서 뛴다 하더라도 공수의 밸런스가 유지되지 않으면 강팀이 될 수 없다. 차를 운전하는데 좌우 밸런스가 맞지 않아서 한쪽으로 기운다면? 당장 내려야 한다. 목숨을 걸고 운전할 필요는 없다. 무조건 좌우 균형을 맞춰야 한다.

그리고 본인은 전혀 느끼지 못했는데 내 차에 탄 누군가가 '어? 이 차 좌우 밸런스가 안 맞는 것 같은데?'라고 말한다면, 당장은 '그래? 난 모르겠는데?'하고 넘어갈 수는 있지만 두고두고 그 말이 생각나고, 뇌리에서 지우기가 힘들다. 결국 카센터에 가서 차의 조향장치 시스템을 점검할 가능성이 높다.

돋보이는 외모 역시 균형이 우선이다. 상하 좌우 대칭이어야 하고, 어느 곳 하나 크거나 작지 않고 적절하게 조화를 이루며 균형이 맞아야 돋보인다. 몸매도 역시 그렇다. 무조건 일단 균형부터 맞아야 한다.

이렇게 세상 모든 것들은 균형이 맞아야 한다. 누군가 나의 마음이 됐든, 삶의 방식이 됐든, 내게 균형을 잡지 못한다고 하면 두고두고 괴로워하거나, 발끈하거나, 반성하게 된다. 한마디로 마음의 균형을 잃게 된다. 그래서 불균형을 균형으로 바꾸기 위해서 무지하게 애를 쓴다. 누구든 불균형을 그냥 그대로, 있는 그대로 마음 편히 받아들이거나 놔두기는 상당히 어렵다. 스스로 마음에 들 때까지 균형을 맞춰 놔야 직성이 풀린다.

자주 방송하지는 않지만, 한 2년 쯤 스트레칭 마사지 기기를 방송하게 됐다. 내가 주로 하는 상품이 아니고, 전담으로 하는 동료가 휴가를 가는 바람에 대타로 들어가게 된 것이다. 일반적으로 알고 있는 전신 마사기기가 아니라 매트 형식으로 바닥이나 침대에 깔고 사용하는 상품인데, 매트 안에 에어 마사지기를 장착해서 목부터 종아리까지 전신을 마사지 하면서 스트레칭을 해 주는 상품이다. 전신 마사지기와 비교했을 때 가격도 훨씬 저렴하고 스트레칭과 마사지를 동시에 할 수 있는, 일종의 전신마사지기 대체 상품이라고 할 수 있다.

한번도 방송해 보지 않은 상품이었지만, 그 전에 고가의 전신 마사지기를 포함해서 여러 종류의 마사지기를 해 봤기 때문에 어렵지 않게 풀어나갈 수 있다고 판단했다. 제 때 몸을 풀어주지 않으면 시간이 가면 갈수록 몸이 딱딱하게 굳어지고 수축된다는 건 누구나 알고 있다. 그래서 적지 않은 돈을 들여서 마사지 숍을 가는 것도 물론 좋지만, 집에서 수시로 마사지를 받으면서 몸을 풀라는 메시지를 전달하면 어렵지 않게 매출 목표를 이룰 수 있겠다고 생각해서 근육이나 관절 등 몸 관리를 제때 하지 않으면 찾아오는 불편들을 위주로 메시지를 구성해서 방송에 임했다.

"관절은 갈수록 안 좋아지고 근육은 오그라들고 굳어집니다. 수시로 풀어주고 늘려줘야 하는데 그걸 제대로 하는 사람이 몇이나 되겠어요."

"요즘 동네 공원에 가보면 어깨 운동하는 기구들이 있습니다. 예전에는 저렇게 쉬운 게 왜 있나 싶었는데 지금 보니 아니더라고요. 내가 지금 스트레칭을 꾸준히 안 하면 나중엔 저 운동도 힘들겠구나, 저절로 깨닫게 됩니다."

"몸 여기저기가 딱딱하게 굳으면 점점 불편해져 참기도 힘들어져요. 그럼 성격이 날카로워지죠. 운동은 더 안 하게 됩니다. 그럼 몸은 더 굳어요. 그러면서 나도 모르게 급속한 노화로 가는 겁니다."

이렇게 뭉치고 딱딱해지는 근육의 불편을 얘기하고 이 상품으로 해결하시라 식으로 코멘트를 준비 했는데…… 결과는? 완전히 망했다. 평소 매출보다도 훨씬 안 좋은 결과가 나왔다. 아무리 처음 해보는 것이었다 해도 너무 실망스런 결과였다. 역시 아무리 비유를 맛깔나게 해도 나도 알고 상대도 아는 걸 얘기하고 강조해봐야 아무런 소용이 없다는 걸 다시 한번 깨달았다.

그러다가 한참 지난 후에, 똑같은 상품을 다시 하게 됐다. 이미 한번 속된 말로 말아먹은 상품이어서 내가 다시 하게 될 줄은 상상도 못했는데 덜컥 또 하게 된 것이다. 어찌 됐든 똑같은 식으로 방송을 준비했다가는 '백전필패'가 뻔하다. 발등에 불은 떨어졌는데 도무지 어떻게 해야 할지 생각나지 않았다. 한번 실패했던 상품이라 자신감은 더 떨어지고, 그러다 보니 아이디어는 더더욱 떠오르질 않았다.

응가 마려운 강아지처럼 전전긍긍 하고 있던 차에 피디가 방송에 내보낼 자막을 미리 봤는데, 거기서 휙~하고 무엇인가 지나갔다.

늘려주는 건 기본 비틀어주기까지!
목, 어깨, 등, 골반 좌/우 트위스트
전신 밸런스 유지에 도움

전신 밸런스…… 밸런스? 균형? 아하! 바로 그거네. 불편에

Part 4 온택트에서 더 잘 들리는 말은 따로 있다

서 한 걸음 더 들어가서 불균형을 강조하면 되겠구나! 누구나 '당신은 지금 불균형이에요', '균형이 맞지 않아요'라고 얘기하면 불편해하고, 일단 불균형을 인정한다면 무엇이든 밸런스를 맞추기 위해서 무엇이든 할 것이다.

"어떤 사람이든 '일방적이다'라고 얘기하면 발끈합니다. 기분 나쁘죠. 그런데 우리는 몸을 일방적으로 한 방향으로만 쓰고 있어요. 그러니 몸이 어떻게 되겠어요? 굽혔으면 다시 펴야 균형이 맞죠. 다른 건 몰라도 몸은 양 방향으로 맞춰줘야 합니다. 그래서 스트레칭이 필요해요."

"우리가 몸 관리를 아예 안 하는 것보다 더 위험한 행동을 하고 있는 지도 모르겠습니다. 전혀 균형을 맞추지 않고 한 쪽으로만 쓰고 있으면 내가 결국 화를 부르는 거예요. 이걸 모르는 사람은 아무도 없는데, 신기하게 한 쪽으로만 몸을 씁니다."

"홈 트레이닝보다 더 중요한 게 홈 스트레칭이에요. 근육을 늘리는 것보다 몸의 균형을 잡는 게 더 급한 일이잖아요."

근육이 뭉치고 딱딱해지면 건강에 문제가 생긴다고 노골적으로 이야기했을 때보다 결과는 훨씬 좋았다. '당신은 지금 이러이러한 문제가 있어요. 어서 고쳐야 합니다'라는 식으로 공포감이나 두려움을 심어주는 것도 설득의 효과가 있다. 하지만, 그것보다 가볍게 '뭔가 균형이 맞지 않은 것 같아요'라고 말을 던지면, 누구든 마음의 균형을 잃기 십상이다. 상대로부터 응답이나 반응이 빨리, 크게 돌아온다는 것이다. 어떤 사람이든 그 사람의 뇌와 몸은 본능적으로, 자동으로 균형을 무조건 맞추려는 쪽으로 움직이기 때문이다.

'균형이 맞지 않아요.'

그리 위협적이지 않으면서도 참 강력한 힘을 가진 말이다. 구구절절 왜 나쁜지, 그래서 어떻게 해야 하는지 설명하지 않고 '균형이 맞지 않아요'만 이야기해도 사람들은 대부분 집중한다.

예민함을 건드리면
주목한다

회사에서 TV홈쇼핑 고객들을 상대로 나이대별로 설문 조사를 한 적이 있다. 나이대별로 관심이 많은 아이템, 쇼핑의 취향이나 관심사가 다를 것이라는 예측 하에 실시한 설문 조사였는데, 역시나 이럴 수가 있나 싶을 정도로 관심 있는 아이템이나 취향에 확연한 차이가 있었다.

그런데 나이와 상관없이 20대든, 30대든, 40대든, 50대든 모두가 본인의 성격에 대해 똑같은 평가를 내린 것이 있었다. 그것은 바로 스스로를 '예민하다'고 생각하는 것이다. 물론 TV홈쇼핑을 주로 이용하는 고객들은 여성이기 때문에 설문에 응답한 사람들 중에 남성의 비율이 확연히 낮을 수는 있다. 하지만 복잡한 현대 사회에서 남성과 여성 모두 어떤 것이든 예민하고 신속하게 반응하지 않으면 뒤쳐질 수밖에 없다. 그래서 스스로를 '예민하다'고 평가하는 것은 어느 정도 설득력이 있다고 봐야 한다.

이렇게 '예민'한 사람들이 역시 공통적으로, 본능적으로 욕망하는 것은 '안정'이다. 뭐가 됐든 안정이 돼야 마음이 놓인다. 안정이 안 되면 불안해지고 예민함은 극에 달한다. 그래서 예민한 현대인들은 더더욱 안정, 일체감, 통일성을 간절히 찾고 거기서 마음의 평화를 얻는다.

집에서 나올 때는 몰랐는데, 어쩌다 보니 양말을 짝짝이로 신고 나온 것을 확인했다. 이때부터는 남들이 알든 모르든 상관없다. 스스로 멘붕에 빠지기 시작한다. 누가 볼까봐 창피한 것도 이유가 있지만, 우선 그 전에 짝을 맞춰서 양말을 신고 나오지 못했다는 사실 때문에 스스로를 자책한다. 그러면서 그때부터 자신도 모르게 발걸음이 자연스럽지 못하다. 남들은 모르지만 이미 자신은 좌우가 맞지 않는다는 사실을 알고 의식하기 때문이다.

예민한 사람들의 귀를 열고 집중하게 만드는 것은 그리 어렵지 않다. 길게 말할 필요도 없다. 딱 한마디만 하면 된다. 예를 들어 누구보다도 젊고 건강하게 살고 싶어 하면서도 몸과 마음을 망치는 잘못된 생활방식으로 사는 사람이 있다고 가정해보자. '그렇게 살면 몸이 더 빨리 지치고 힘들어 건강을 잃는다. 생활습관을 바꾸어야 한다'고 길게 이야기하면 잔소리가 될 뿐이다. 그저 '당신은 지금 앞뒤가 안 맞는 행동을 하고 있어요'라고 말해주면 된다.

'앞뒤가 맞지 않는다'는 말은 묘하게 사람들의 마음을 흔든다. 아주 쉽게 생각해보자. 누군가 나에게 '당신은 말과 행동이 일치하지 않아요'라고 말한다면 기분이 어떨까? 그 말을 한 사람이 동년배이거나 나보다 아랫사람이라면 발끈할 것이고, 나보다 윗사람이라면 바짝 긴장하게 될 것이다. 멘탈이 걷잡을 수 없이 흔들린다는 얘기다.

사람들은 뭔가 스스로 앞뒤가 맞지 않는 모순된 행동을 했다고 느끼는 순간, 누구나 틀어지고 비뚤어진 것을 바로잡으려는 노력을 저절로 하게 된다. 누구나 '완벽한 삶'을 산다고 자부하지는 못하지만 나의 삶에 모순이 있다는 건 견디지 못하기 때문이다.

나는 홈쇼핑 방송을 할 때 이 방법을 많이 사용한다. 설문조사 결과에서도 알 수 있듯이 홈쇼핑 시청자들은 다 스스로를 예민하다 생각하기 때문에 '앞뒤가 맞지 않아요'라는 말로 예민함을 흔들어주어 좋은 결과를 얻은 적이 많다.

"어른이 돼서 가장 많이 들은 말 중 하나가 '힘들고 불편해도 그냥 참고 살아라'입니다. 복장 터지죠. 그런데 나도 모르게 참고 산 게 있었네요. 불편한 위. 참고 살면 나중에 더 힘들어집니다. 다 알고 있는 데도 아무 노력도 안하고 준비도 안 해요. 앞뒤가 너무 안 맞습니다."

"뭉쳐 있던 곳을 풀어주고, 뻣뻣한 곳을 부드럽게 해 주고, 꾸부정한 걸 활짝 펴주고 모든 세상 이치가 그래야 하잖아요. 그런데 정작 내 몸한테는 그렇게 못하고 반대로만 하고 있어요. 앞뒤가 안 맞는 행동이에요."

물론 앞뒤가 맞지 않는다고 해도 꿈쩍도 않는 무신경한 사람들도 있다. 하지만 무엇이든 앞뒤가 정확하게 이치에 맞아야 안도하는 사람들이 더 많다. 예민한 사람일수록 더욱 그렇다. 그러니 예민한 사람들은 '앞뒤가 맞지 않아요'라는 말로 예민함을 흔들어주기만 하면 내 말에 귀를 기울이게 된다.